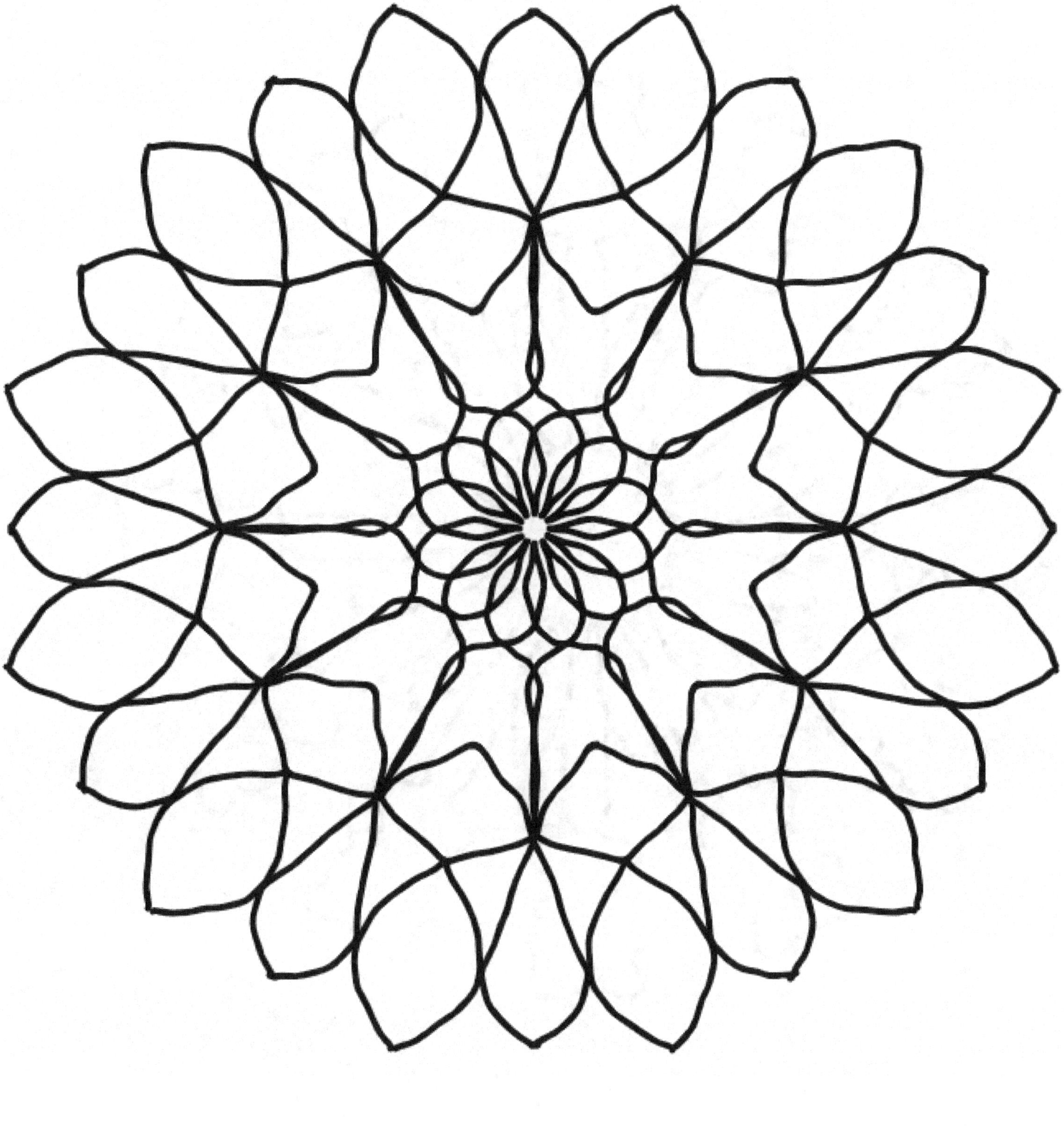

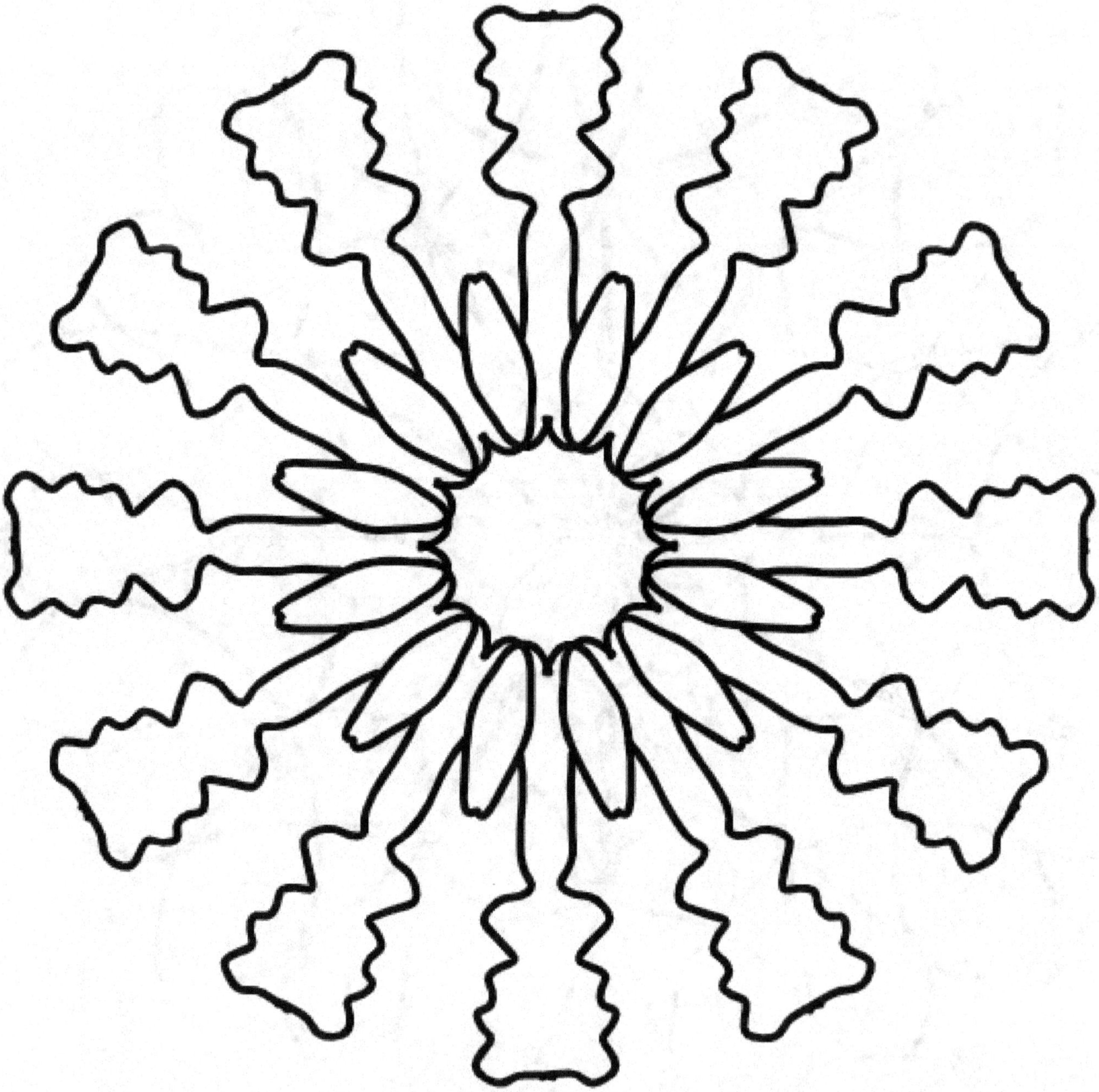

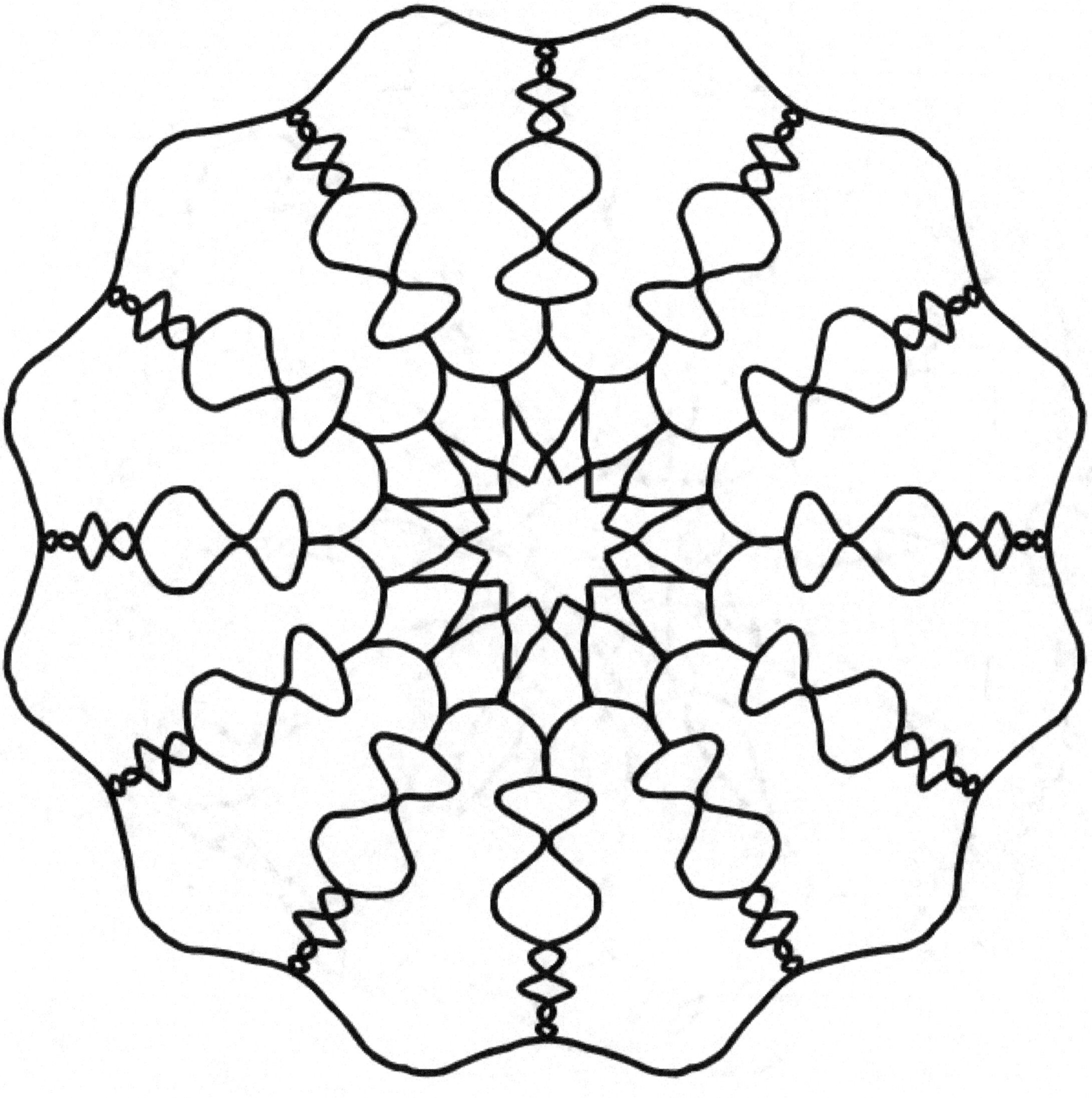

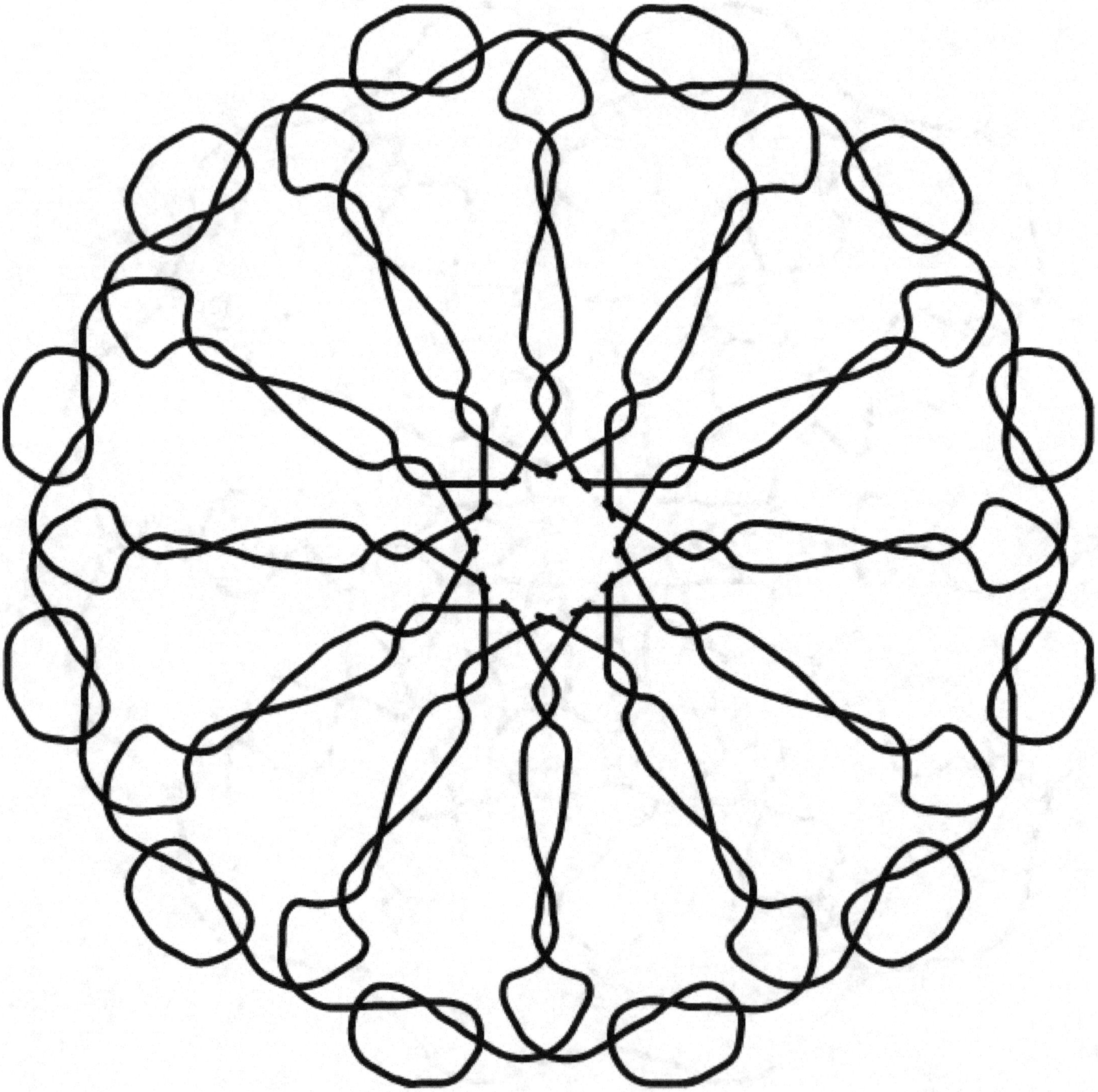

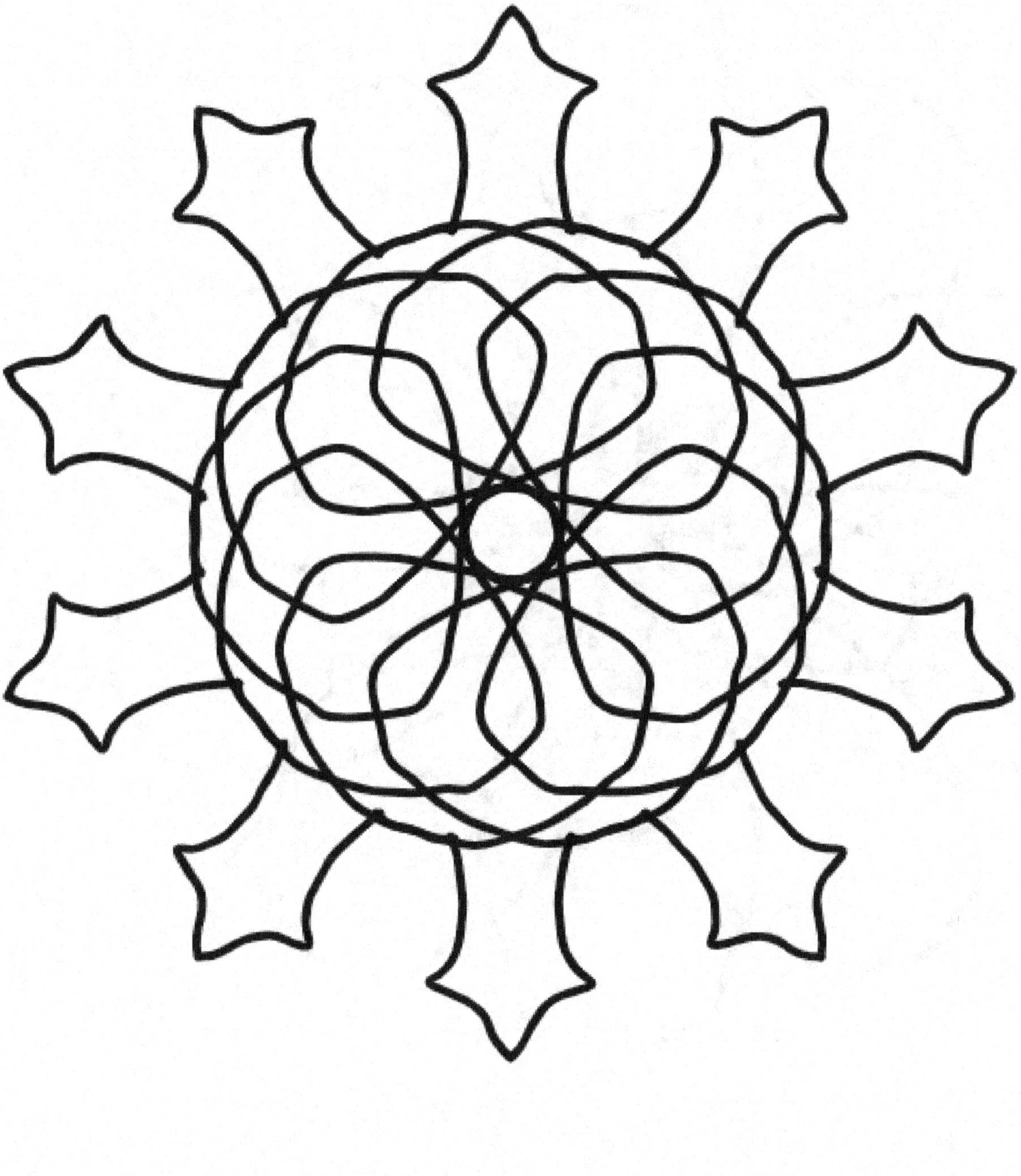

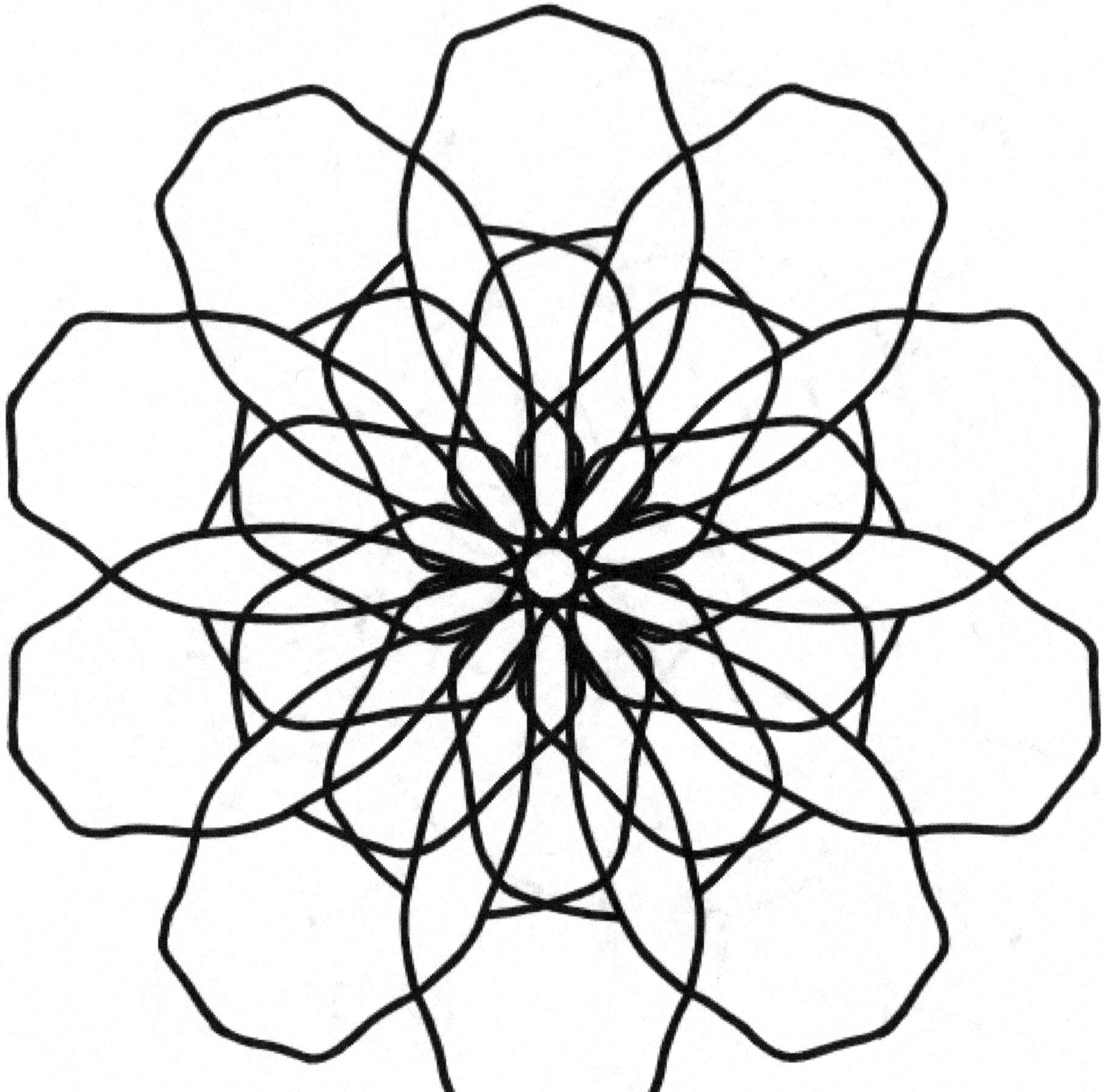

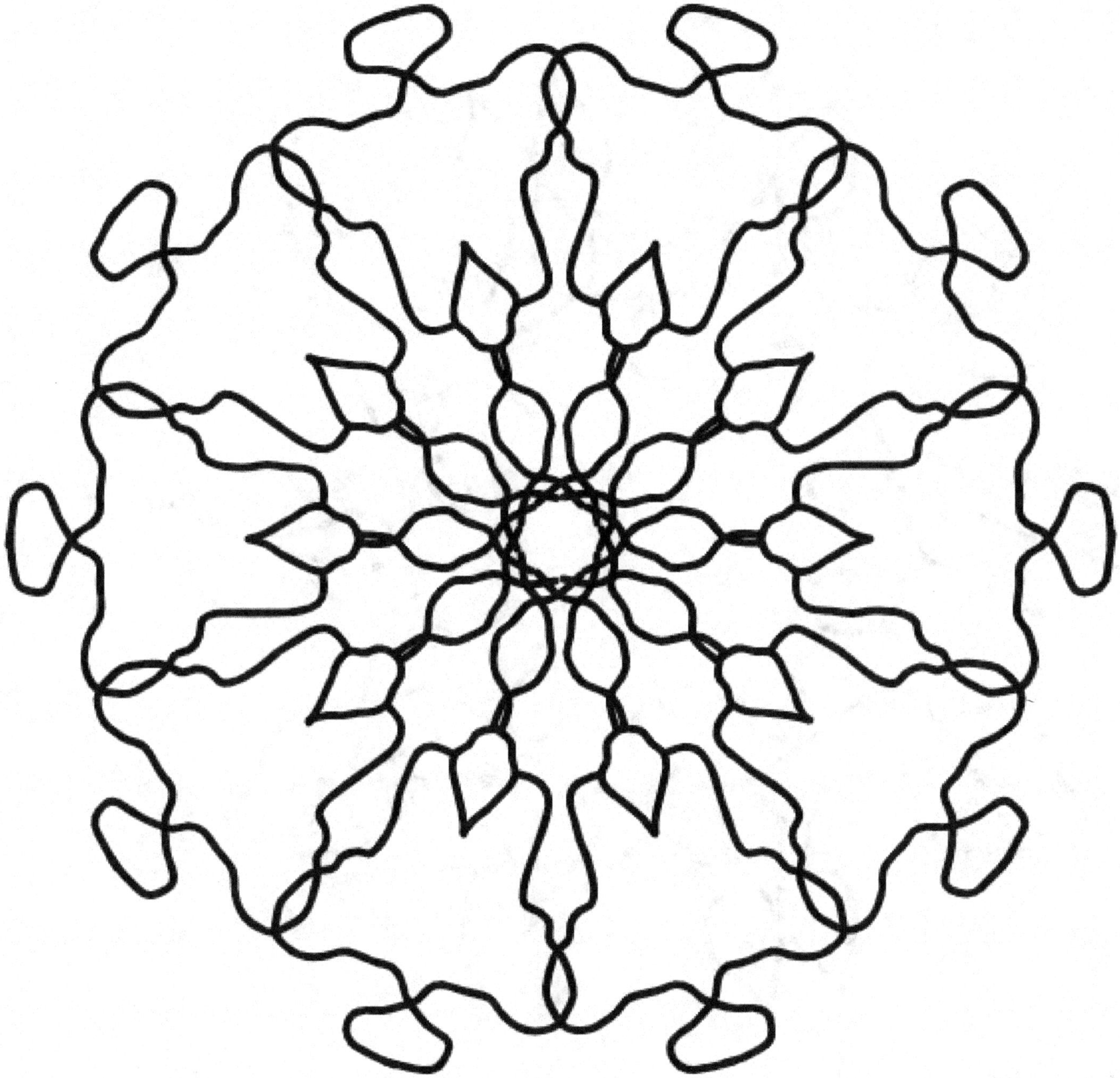

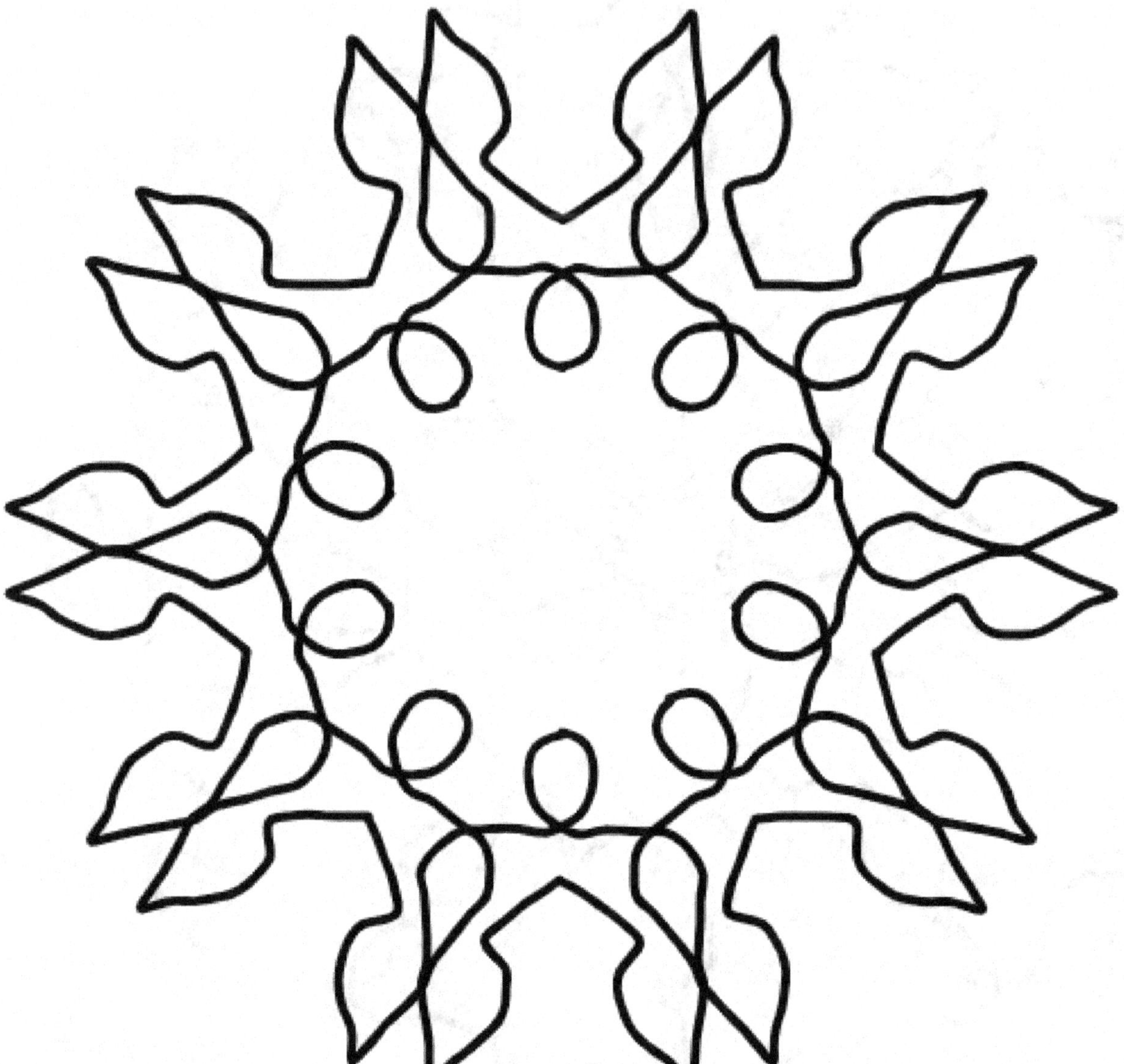

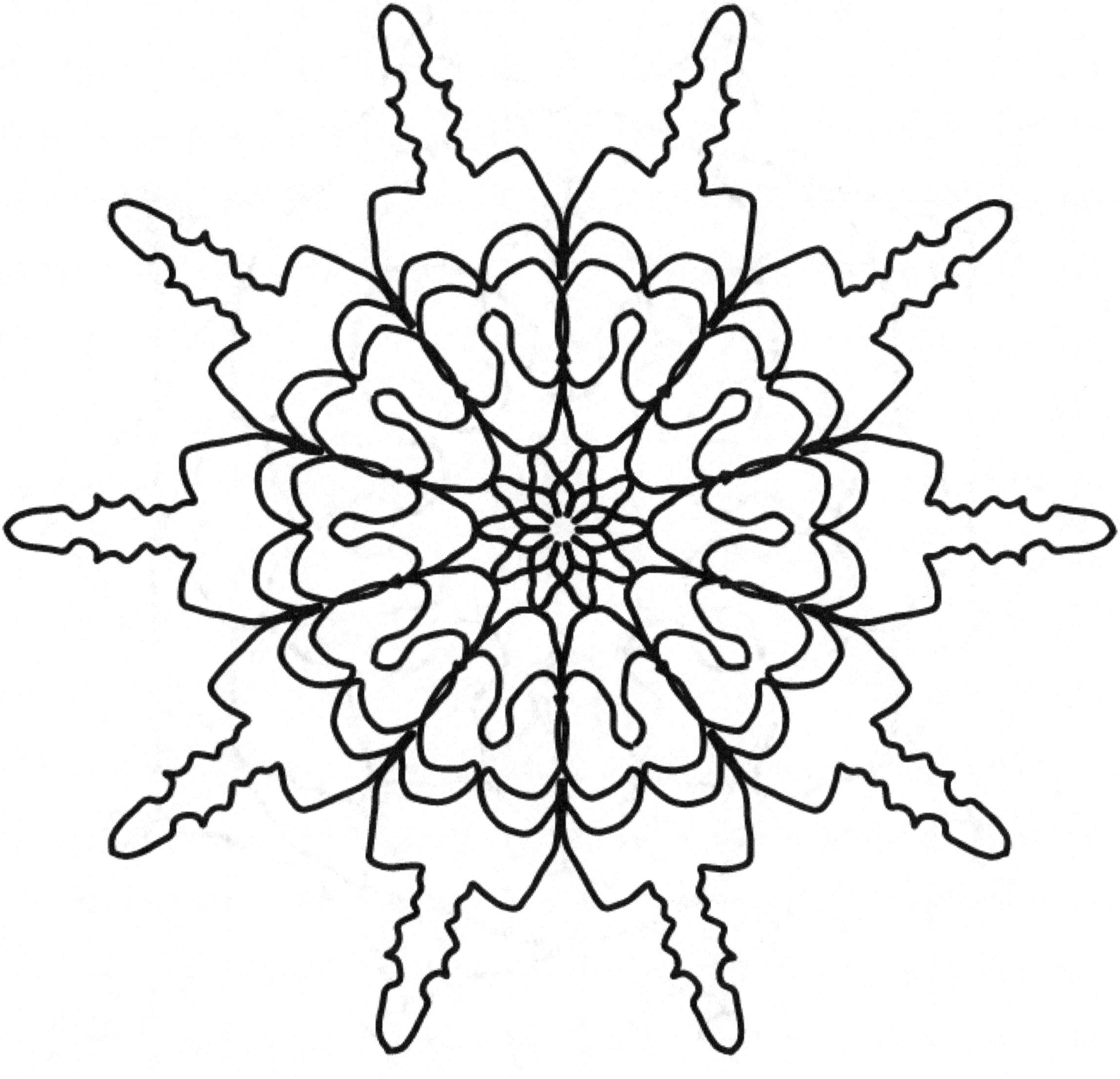

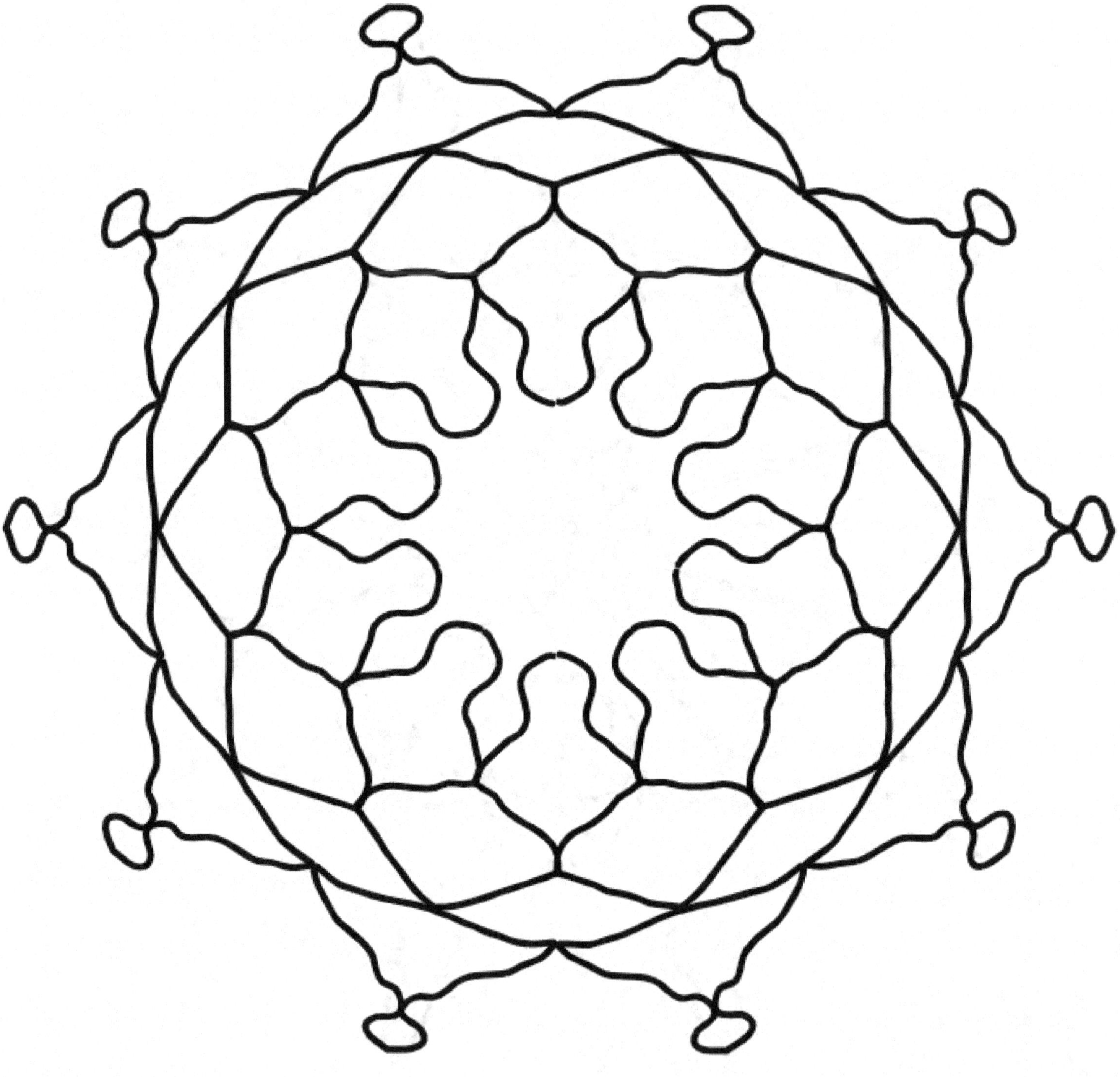

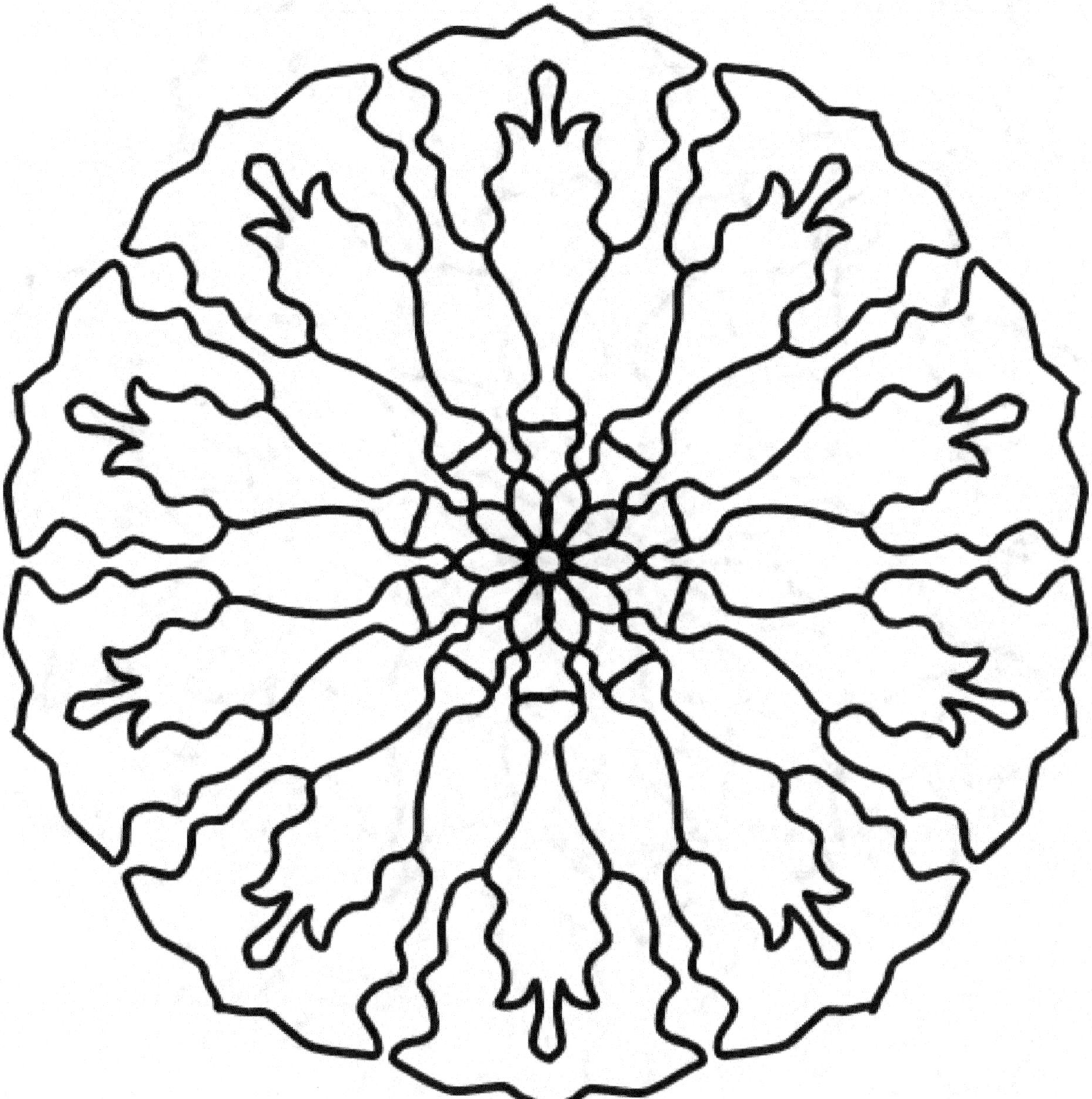

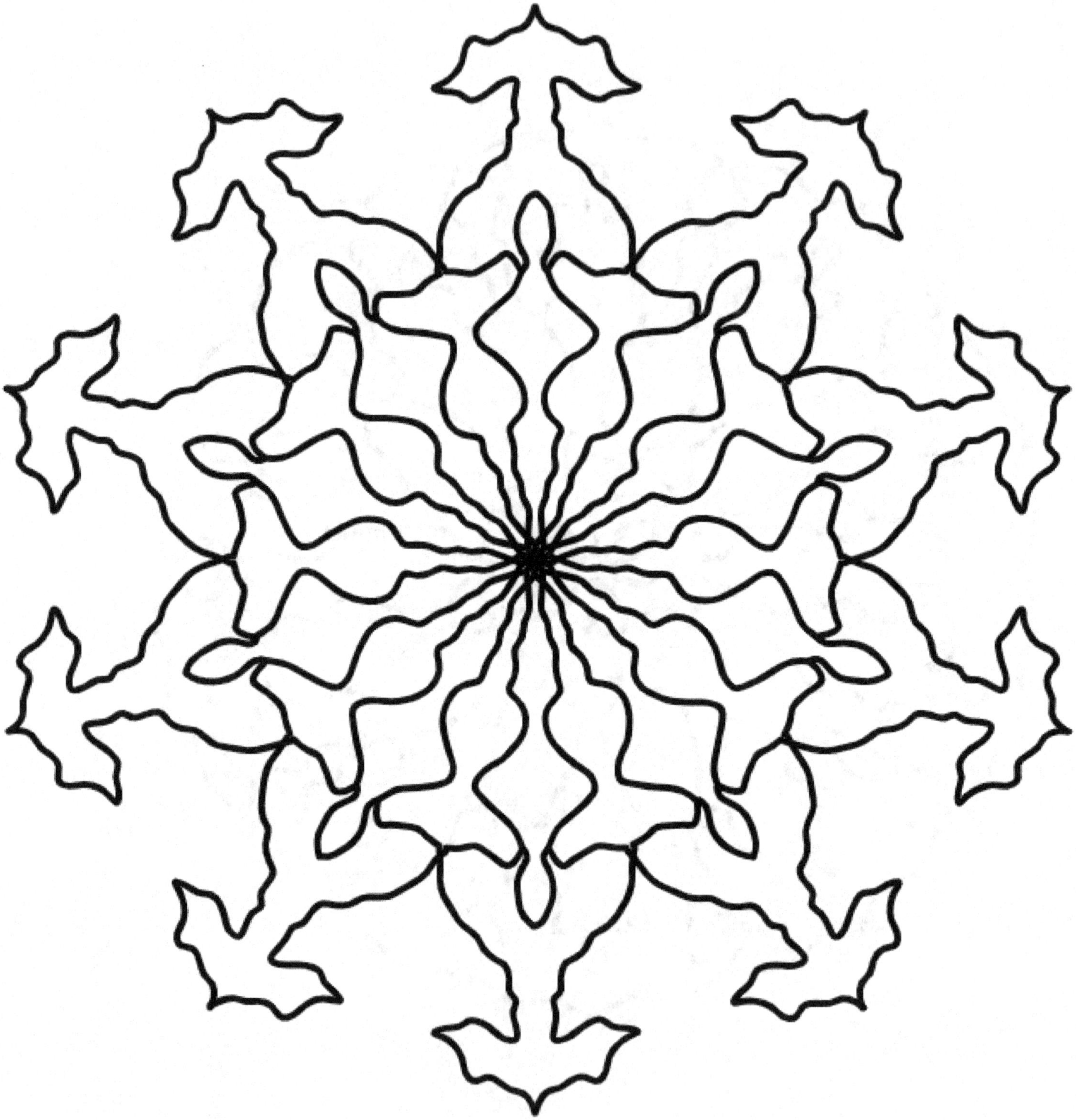

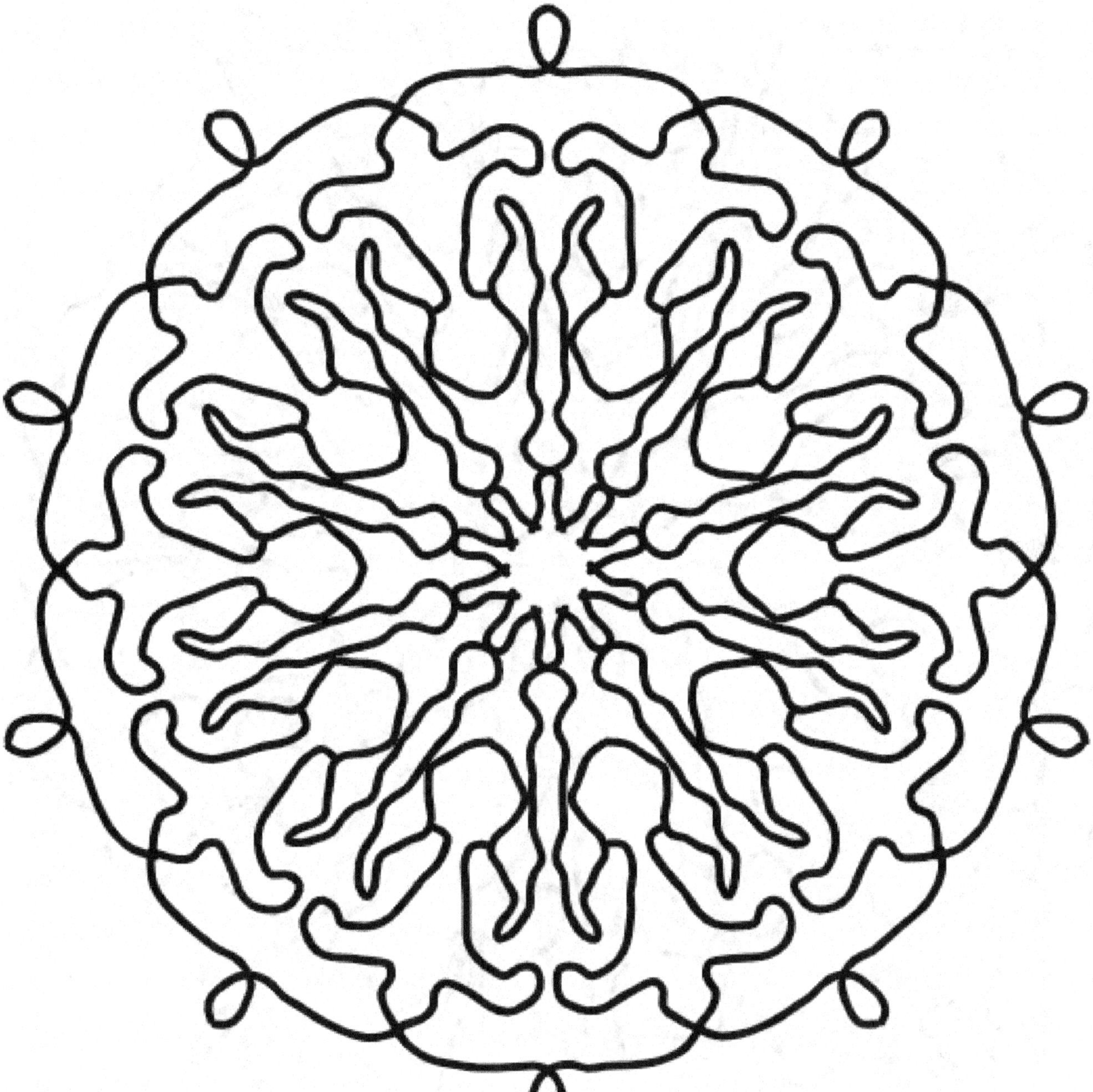

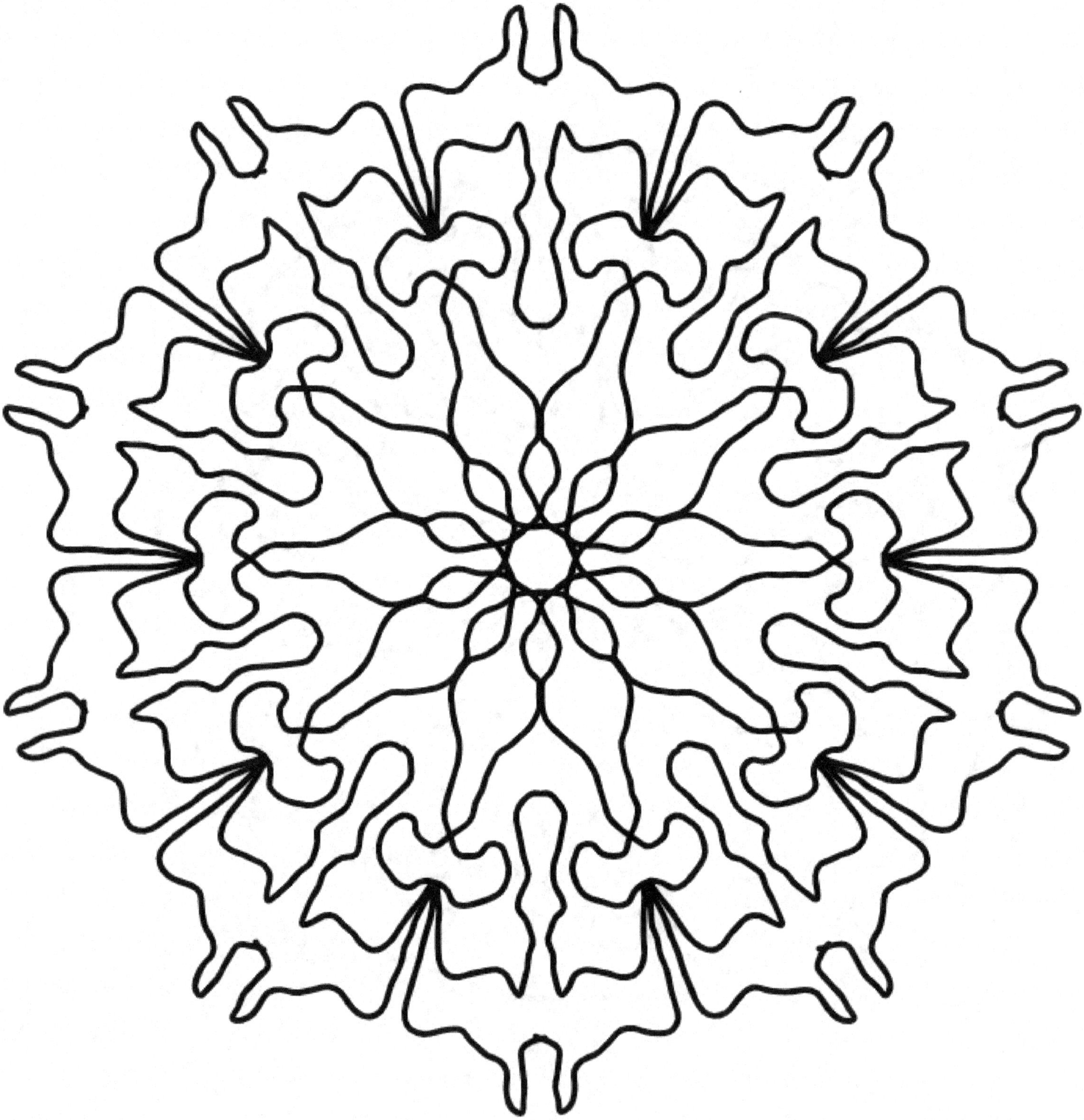

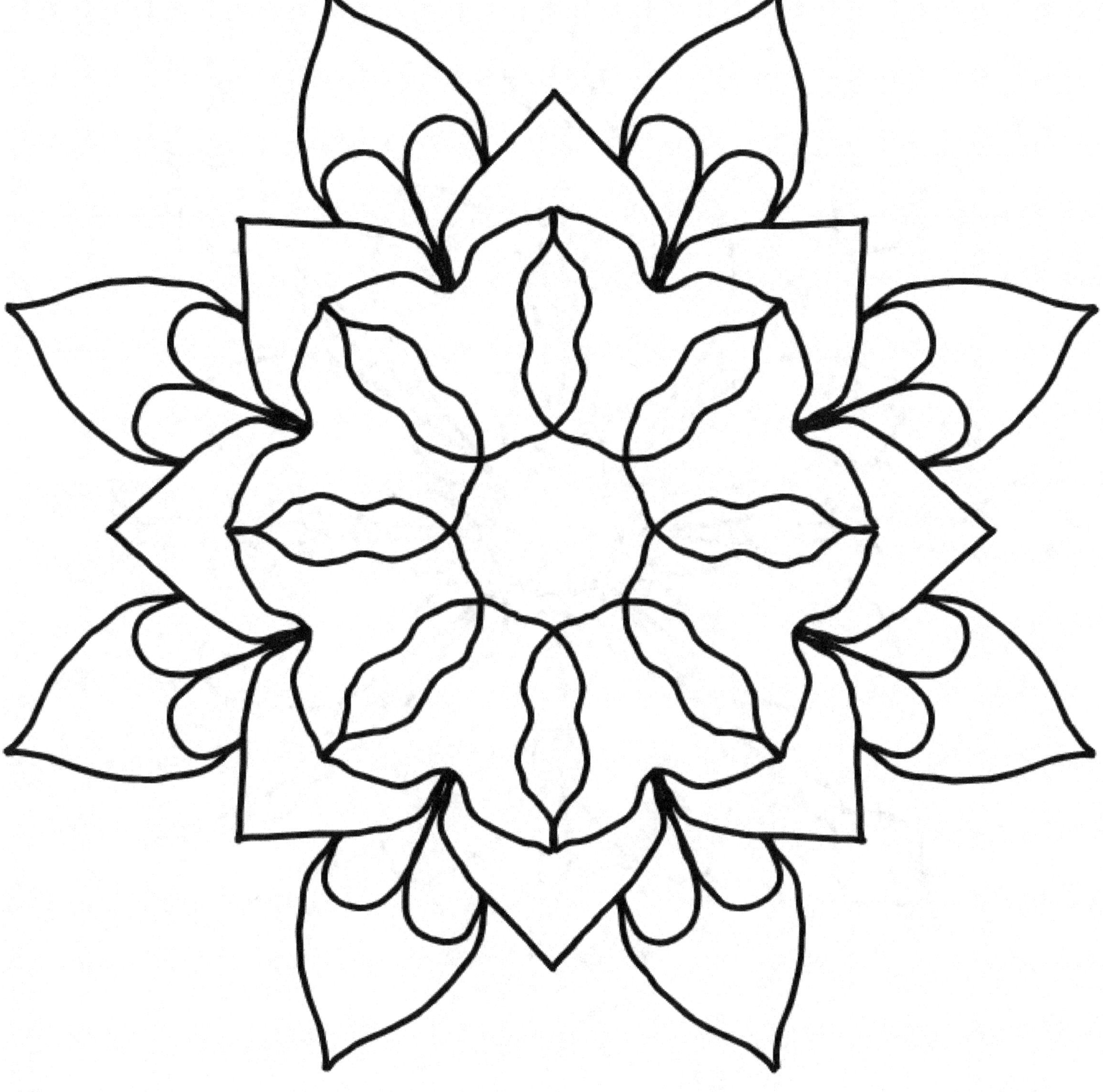

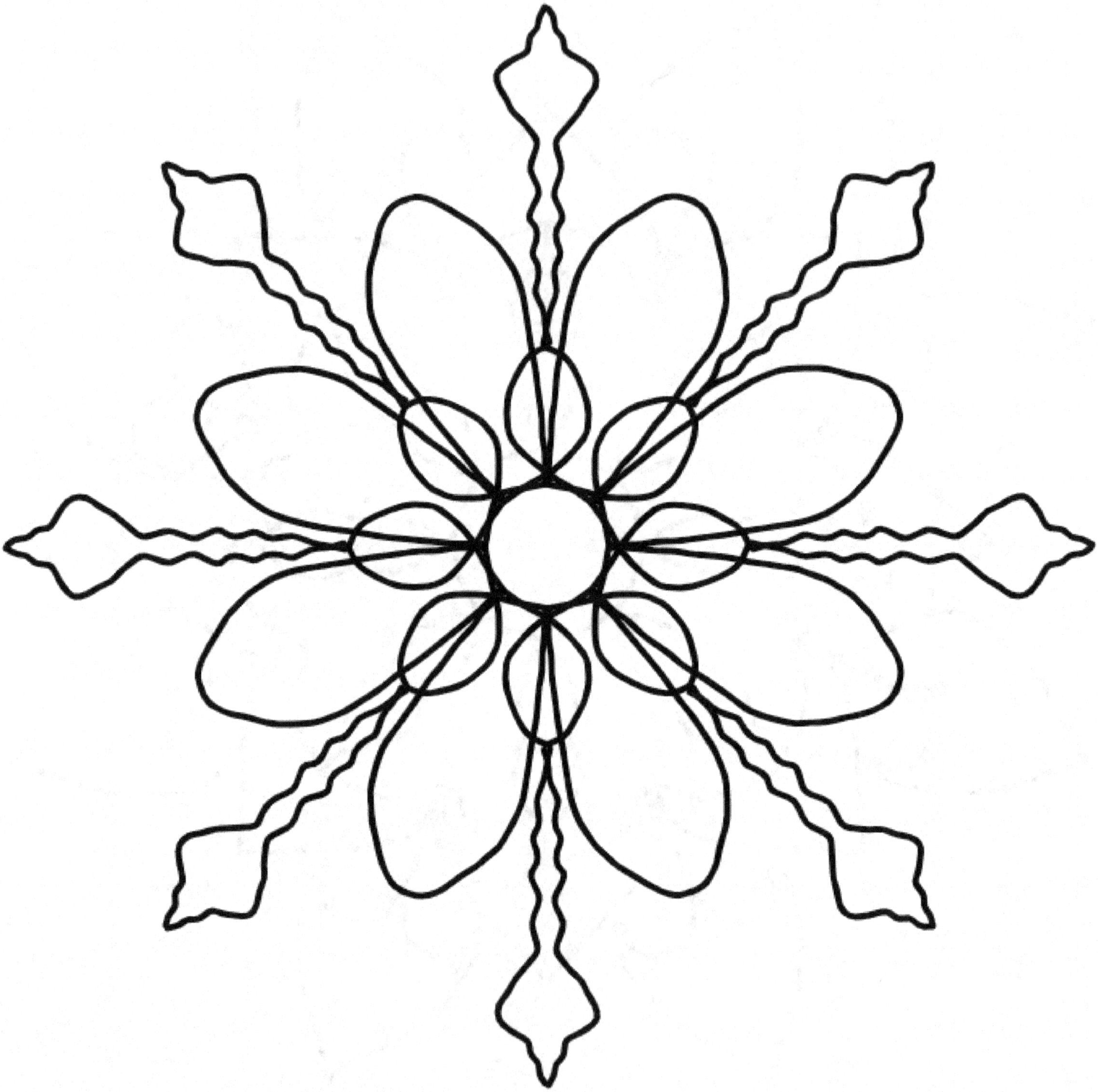

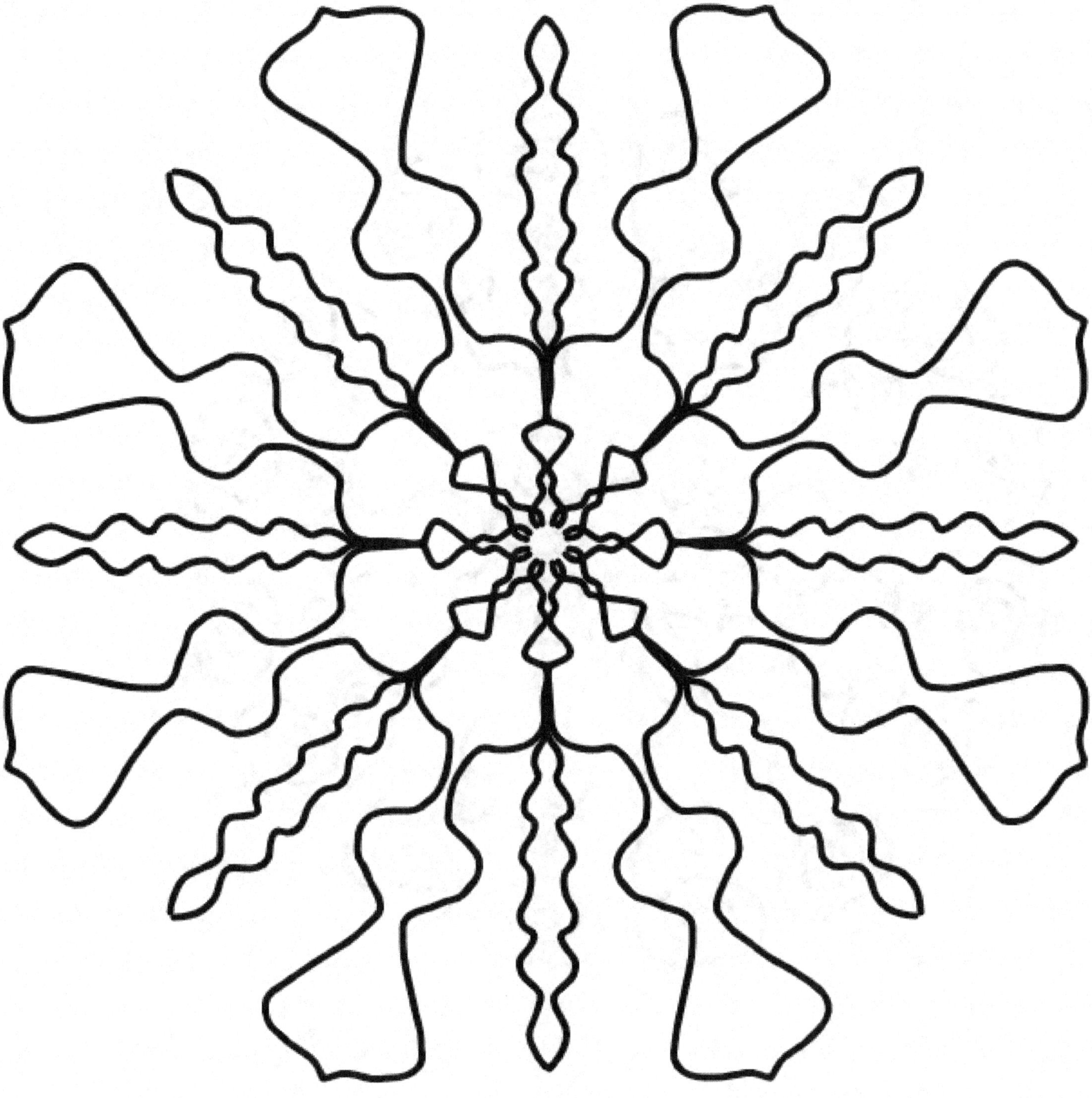

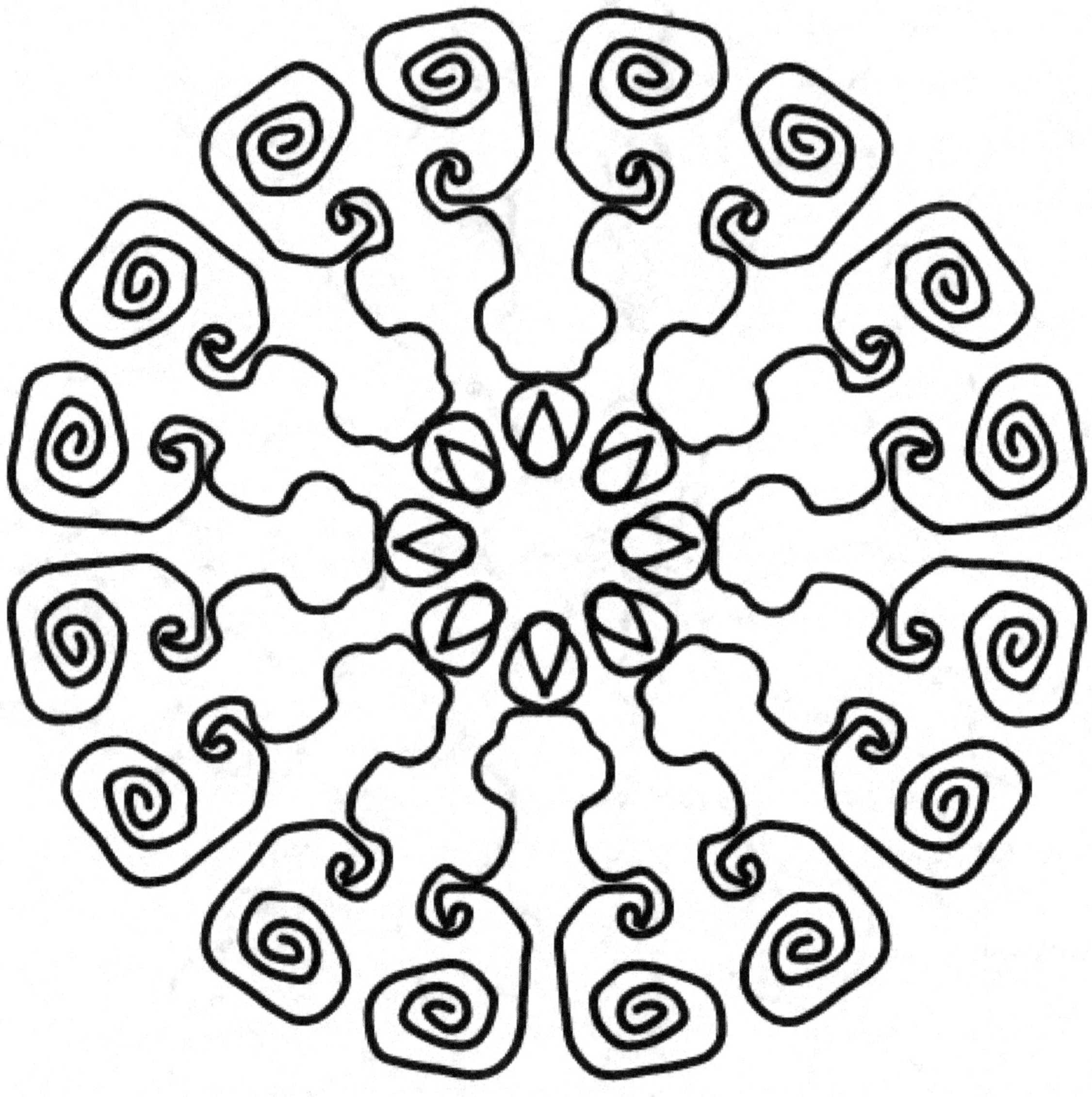

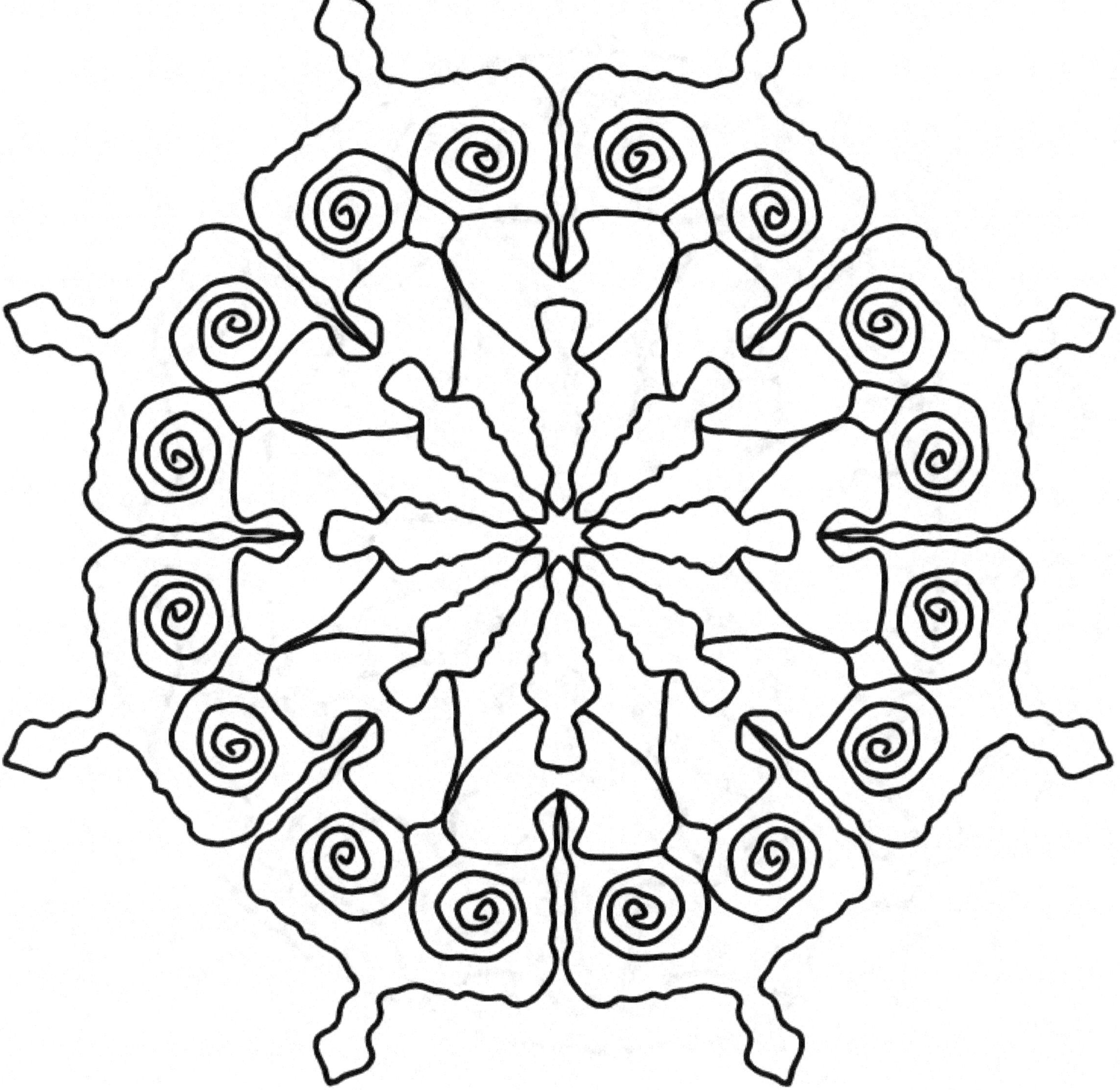

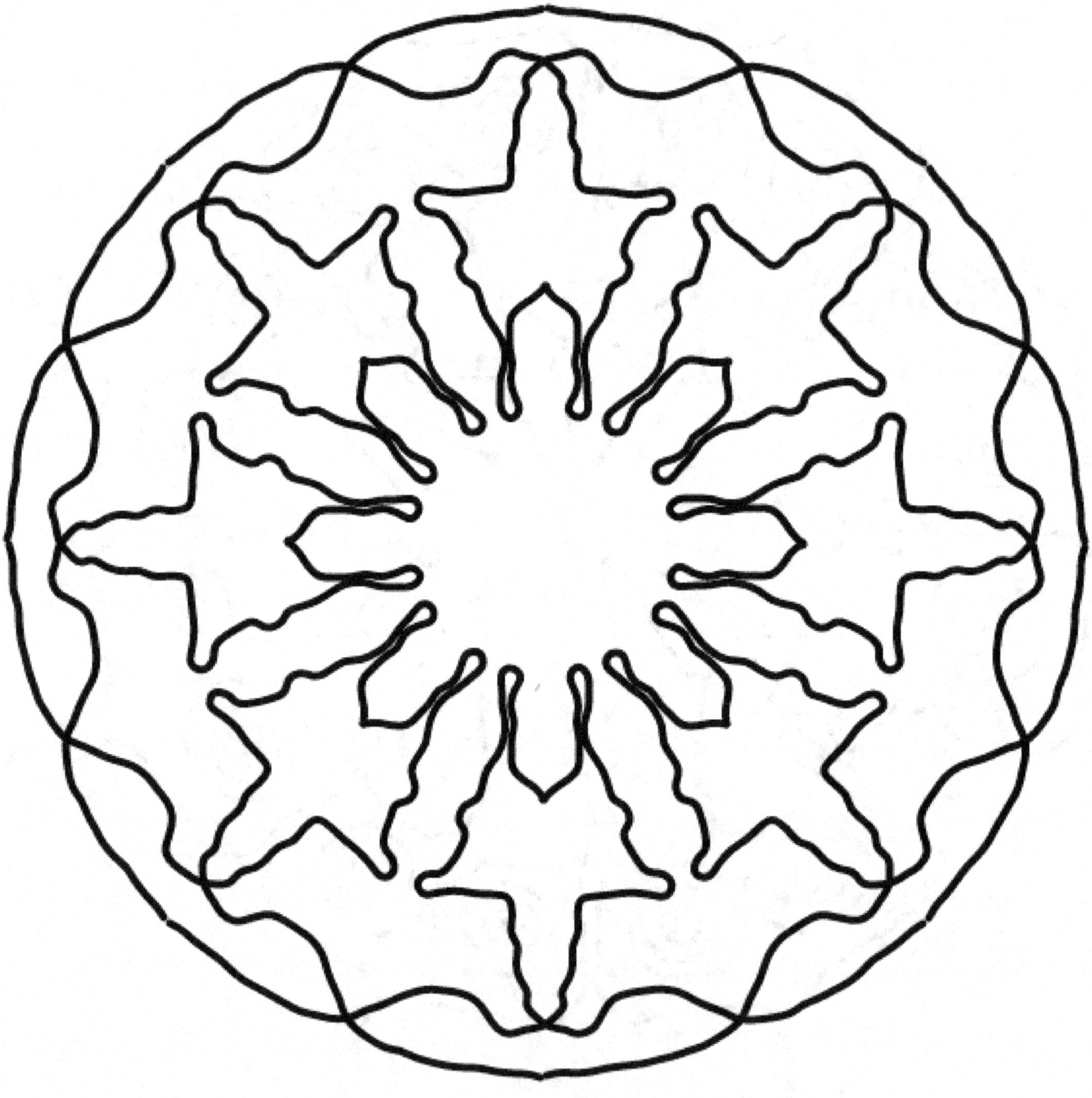

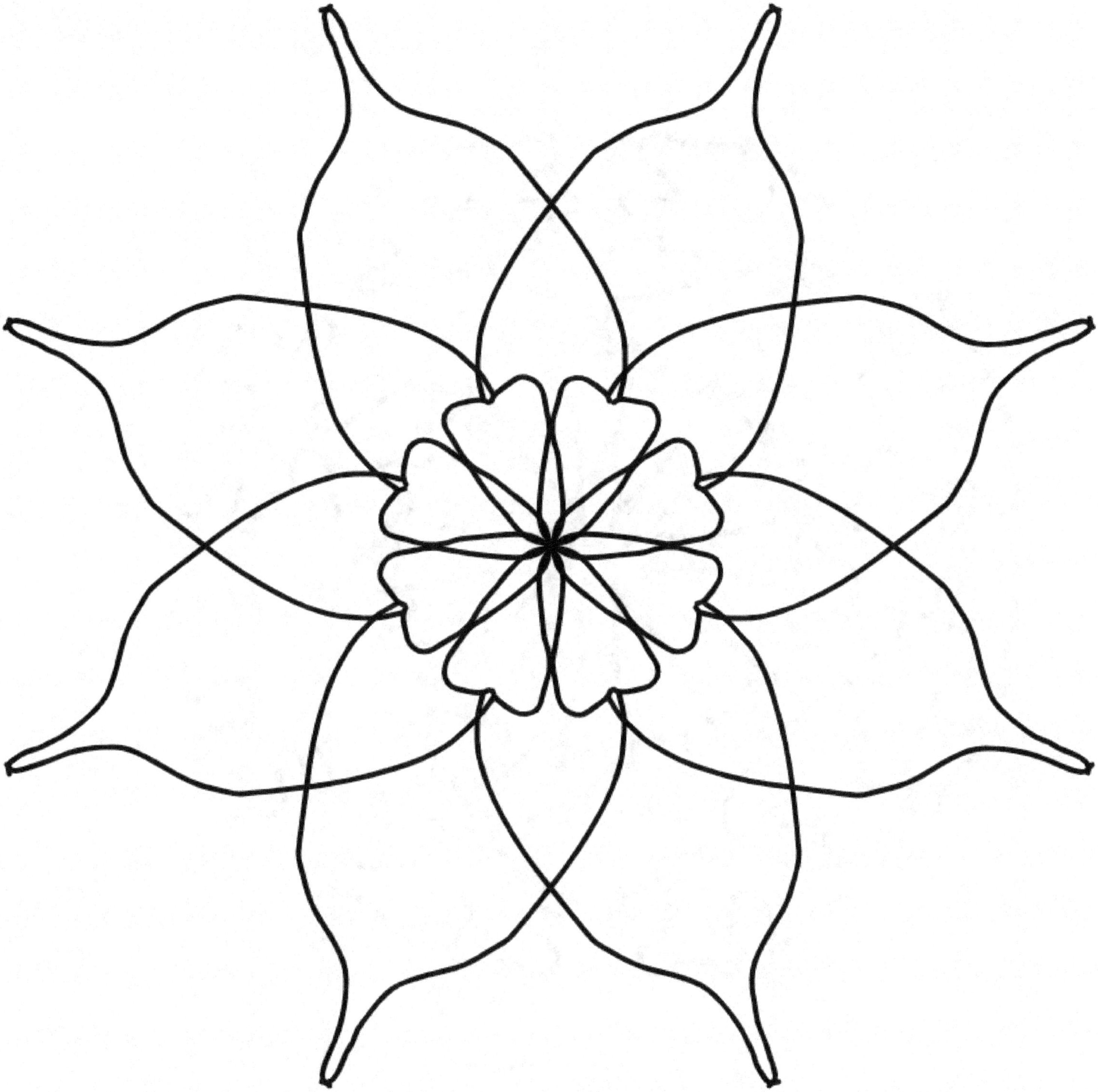

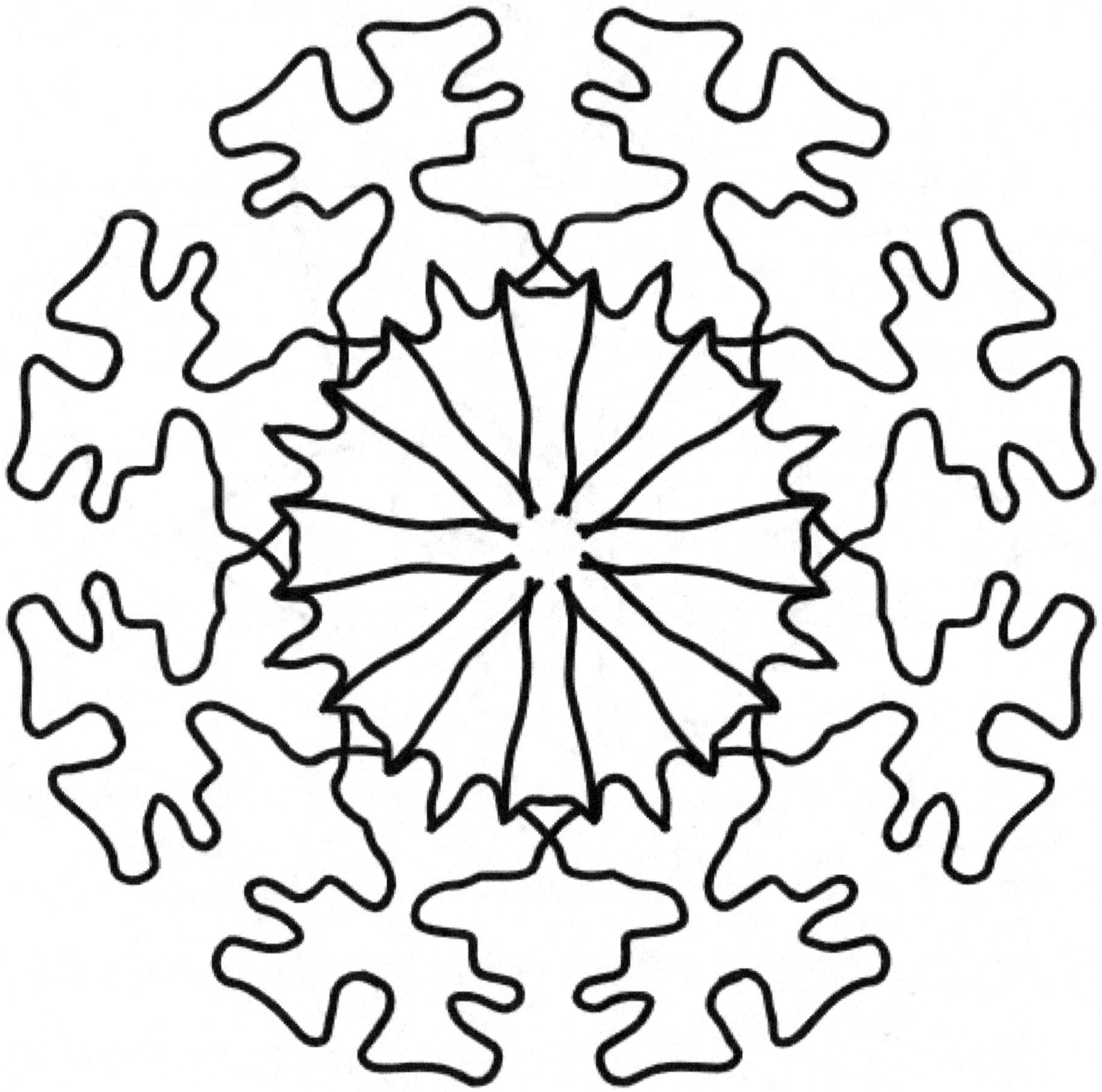

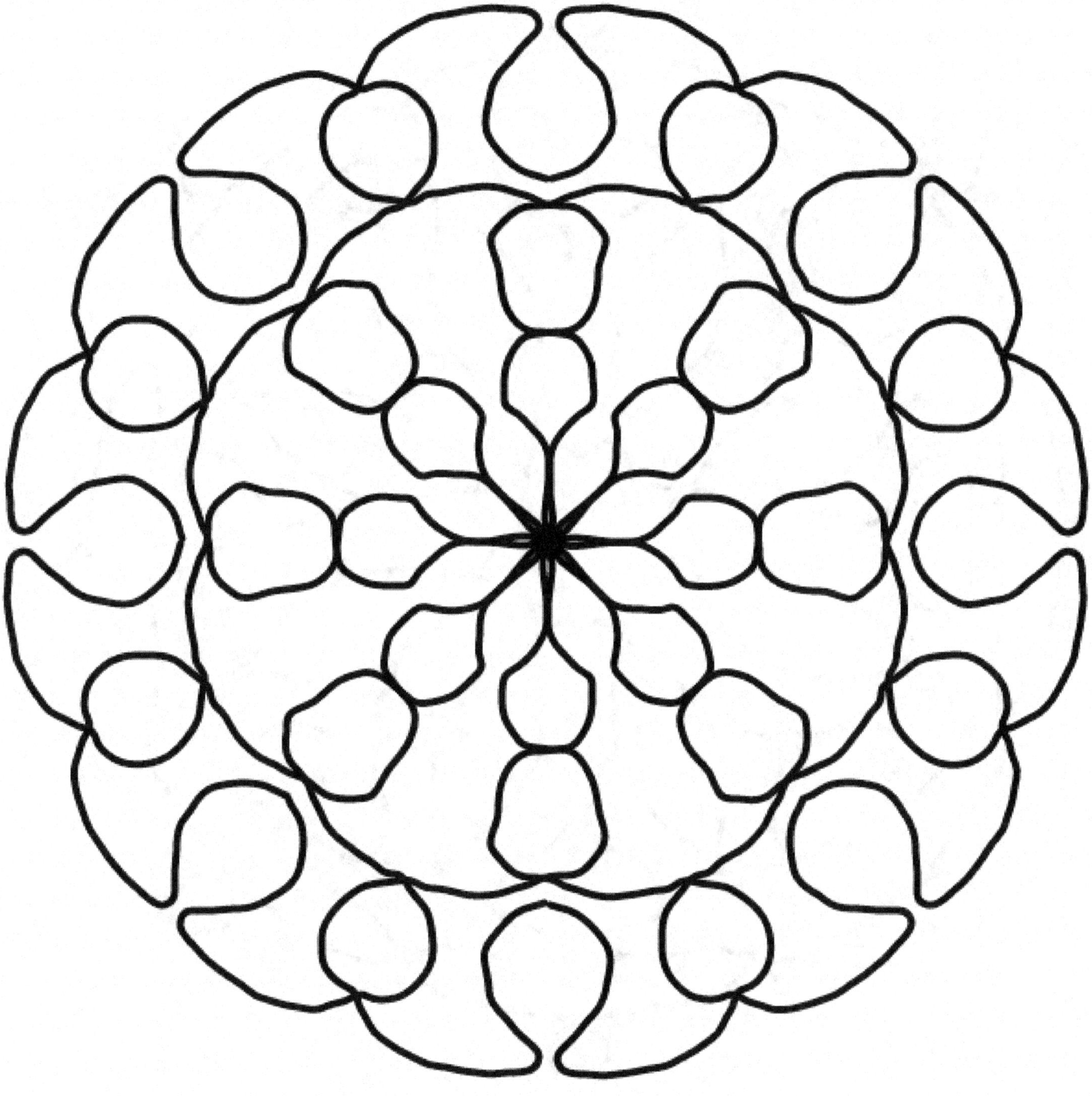

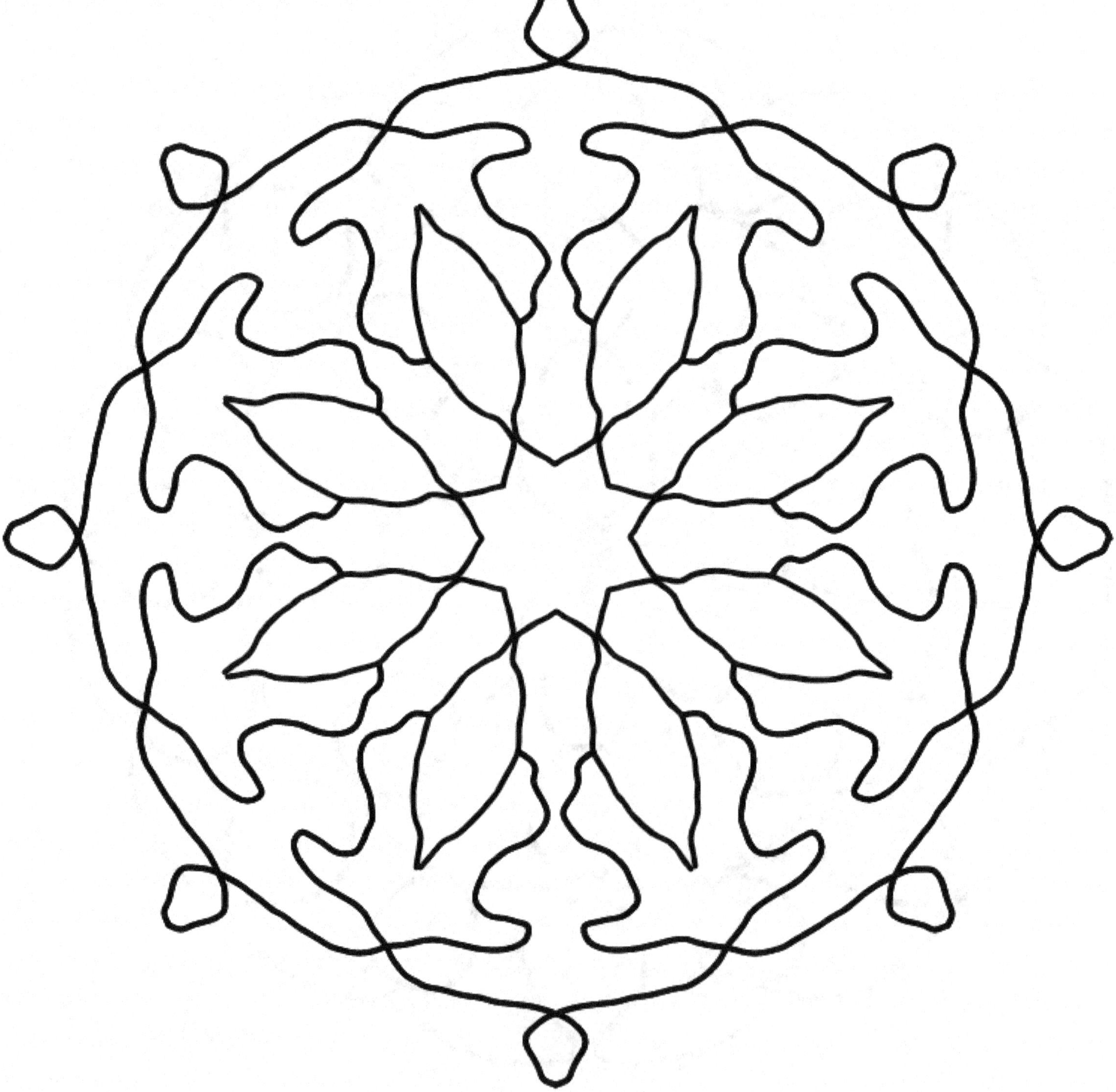

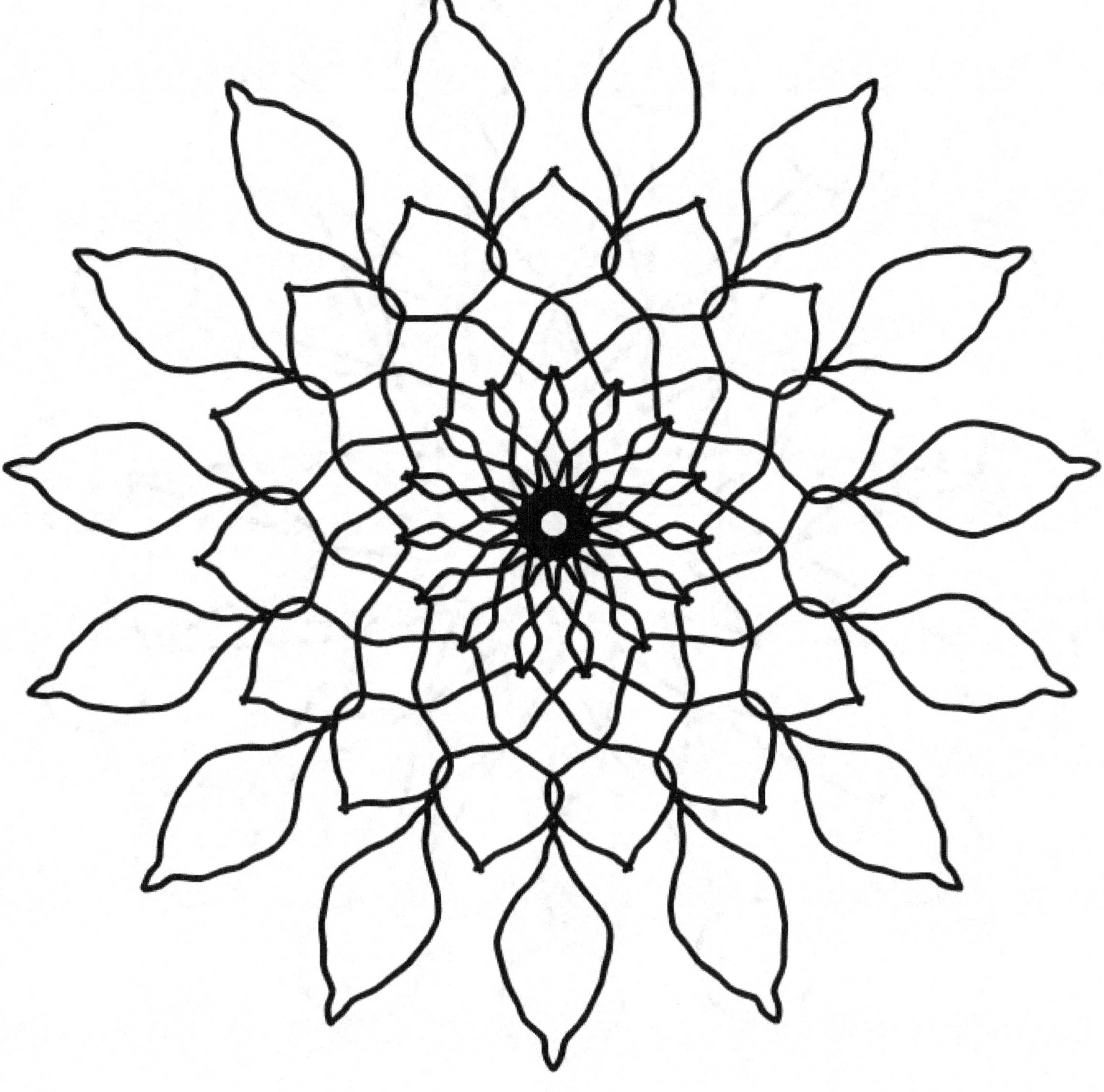

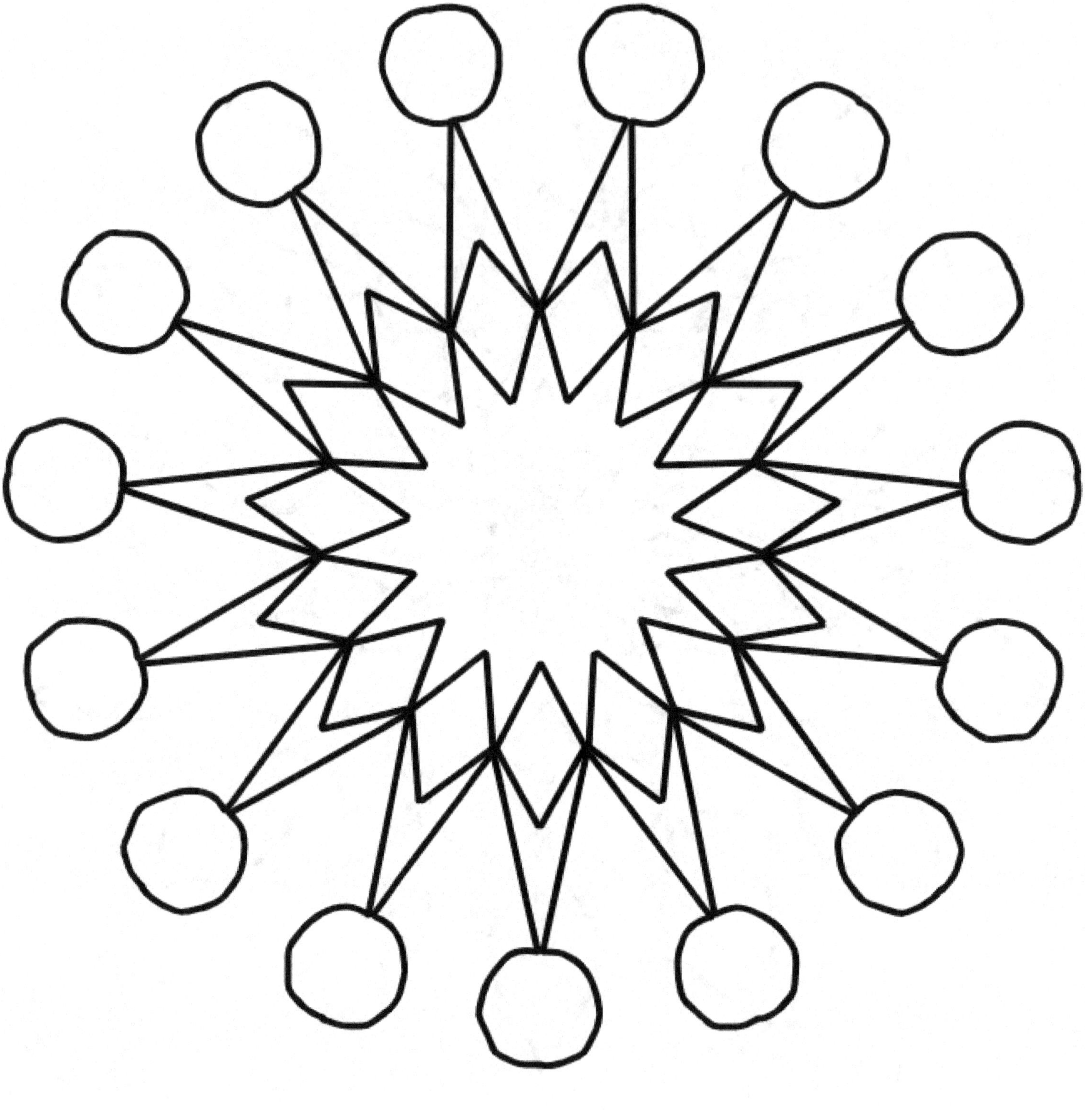

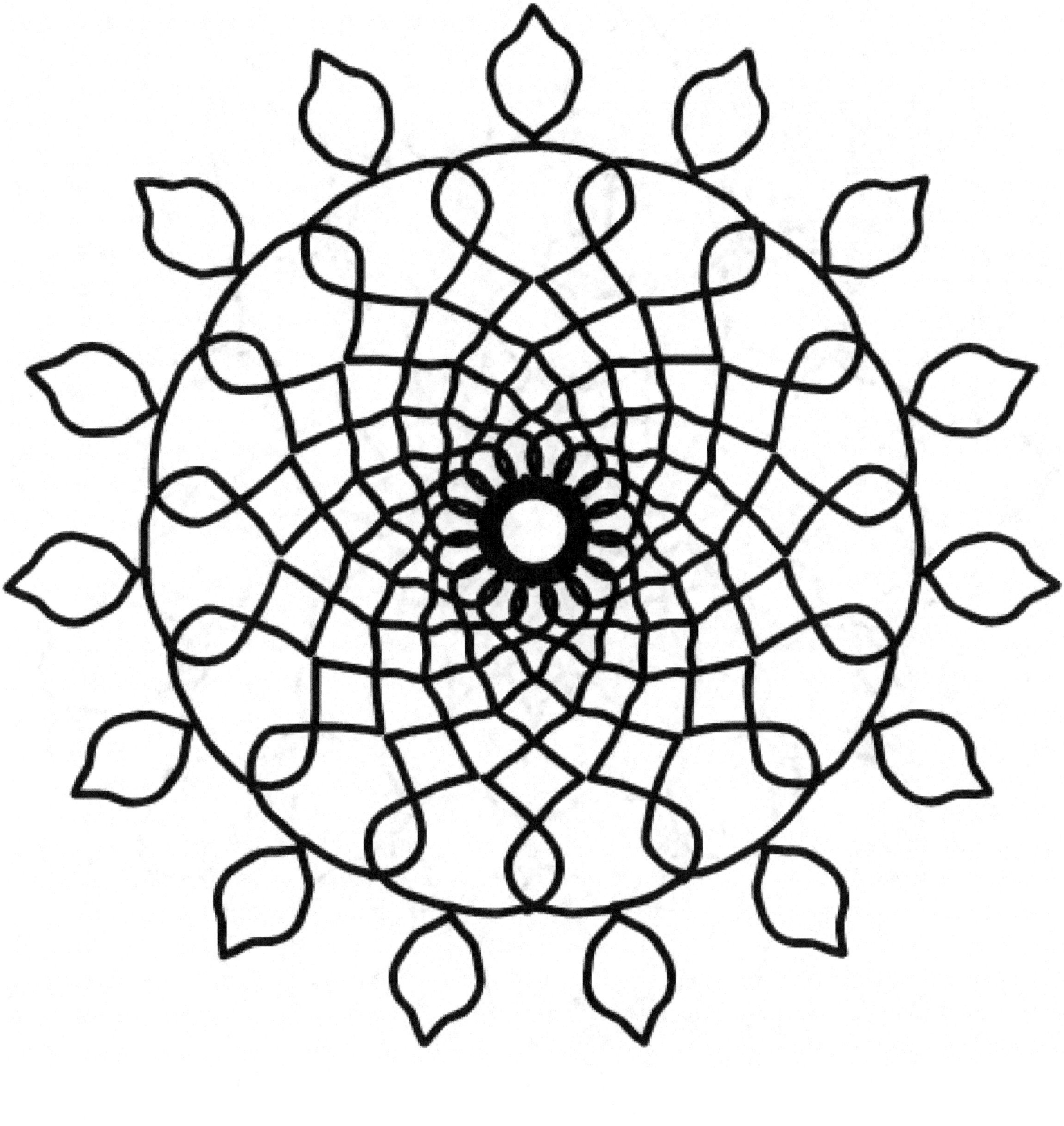

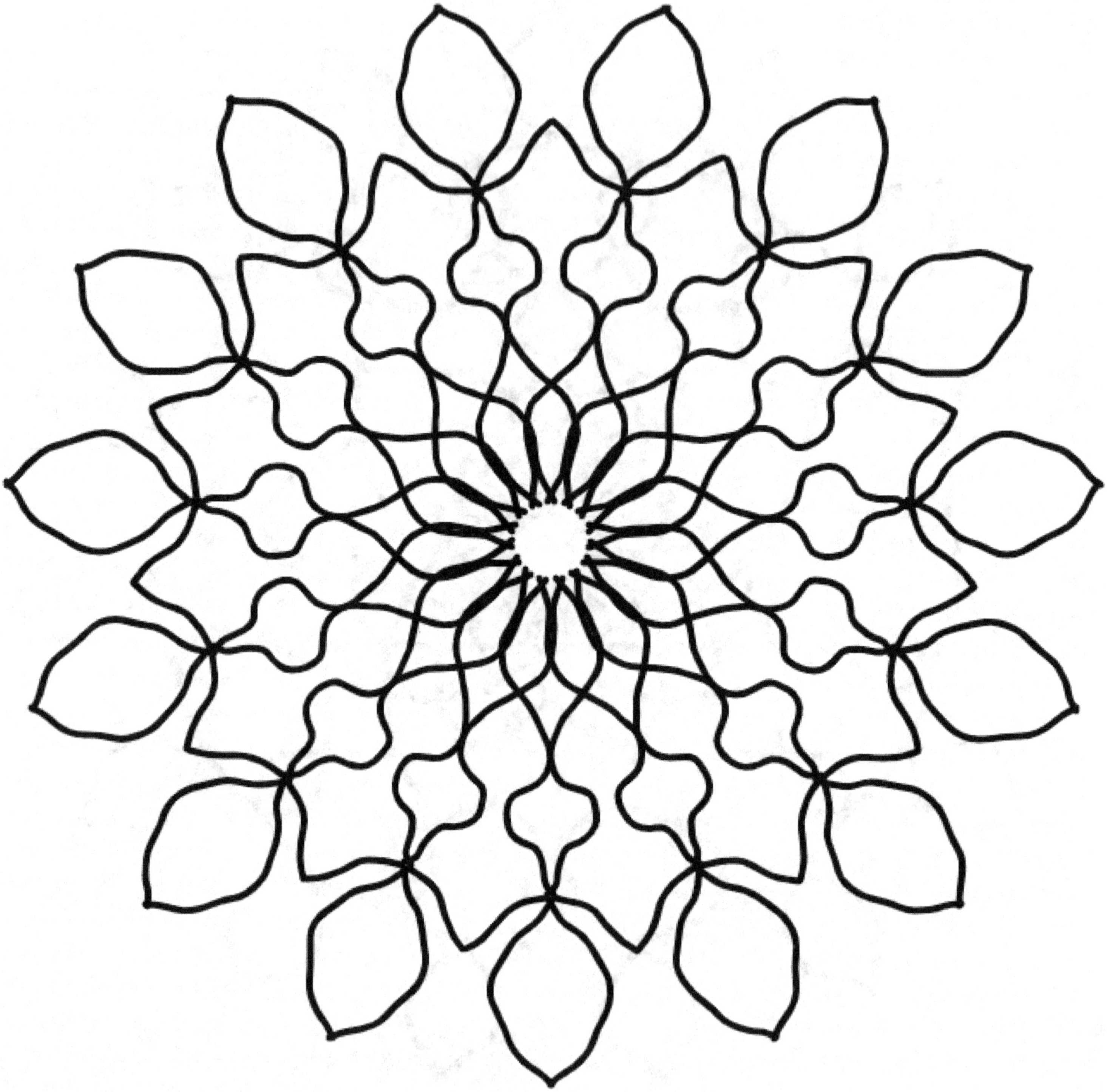

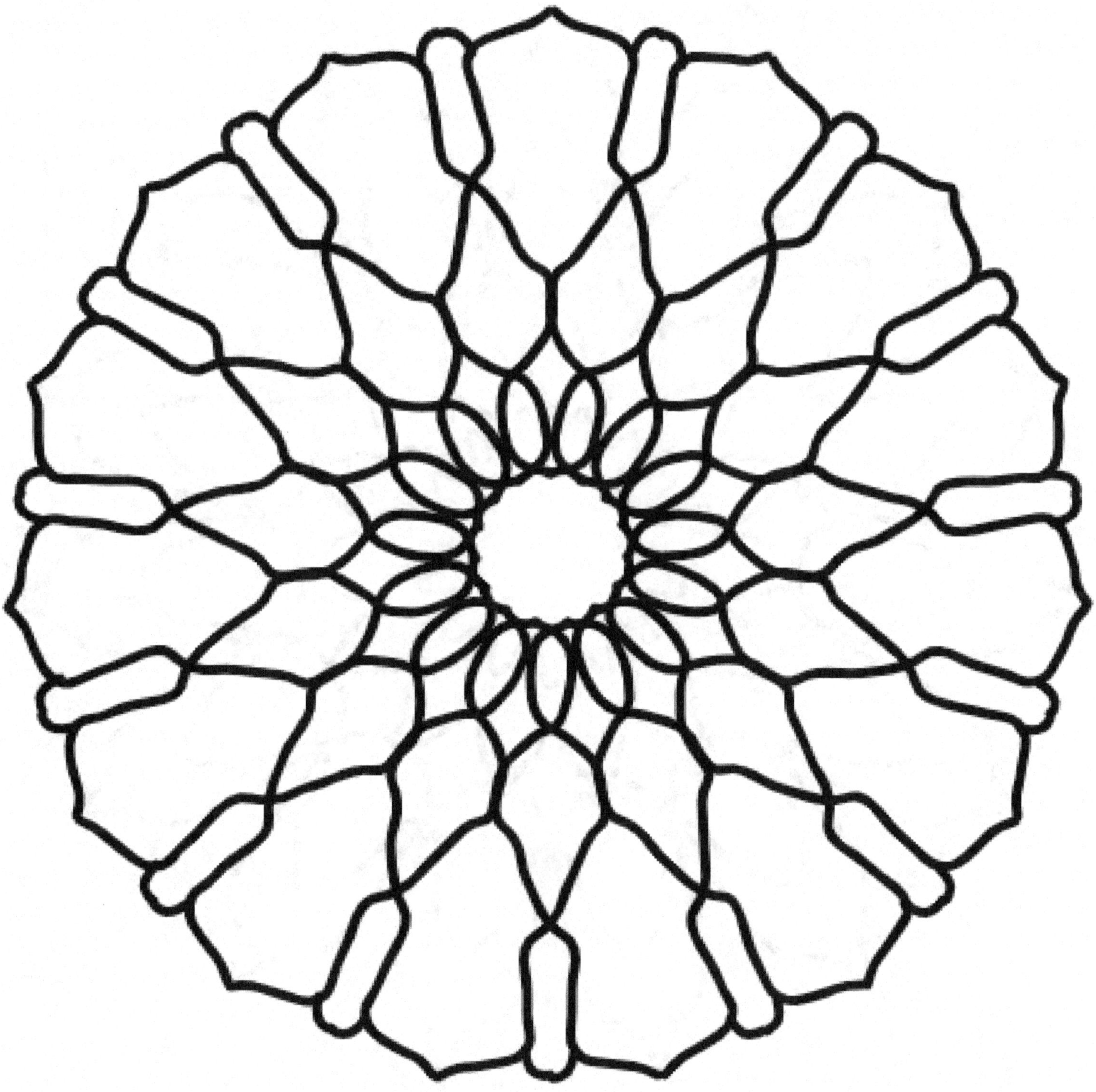

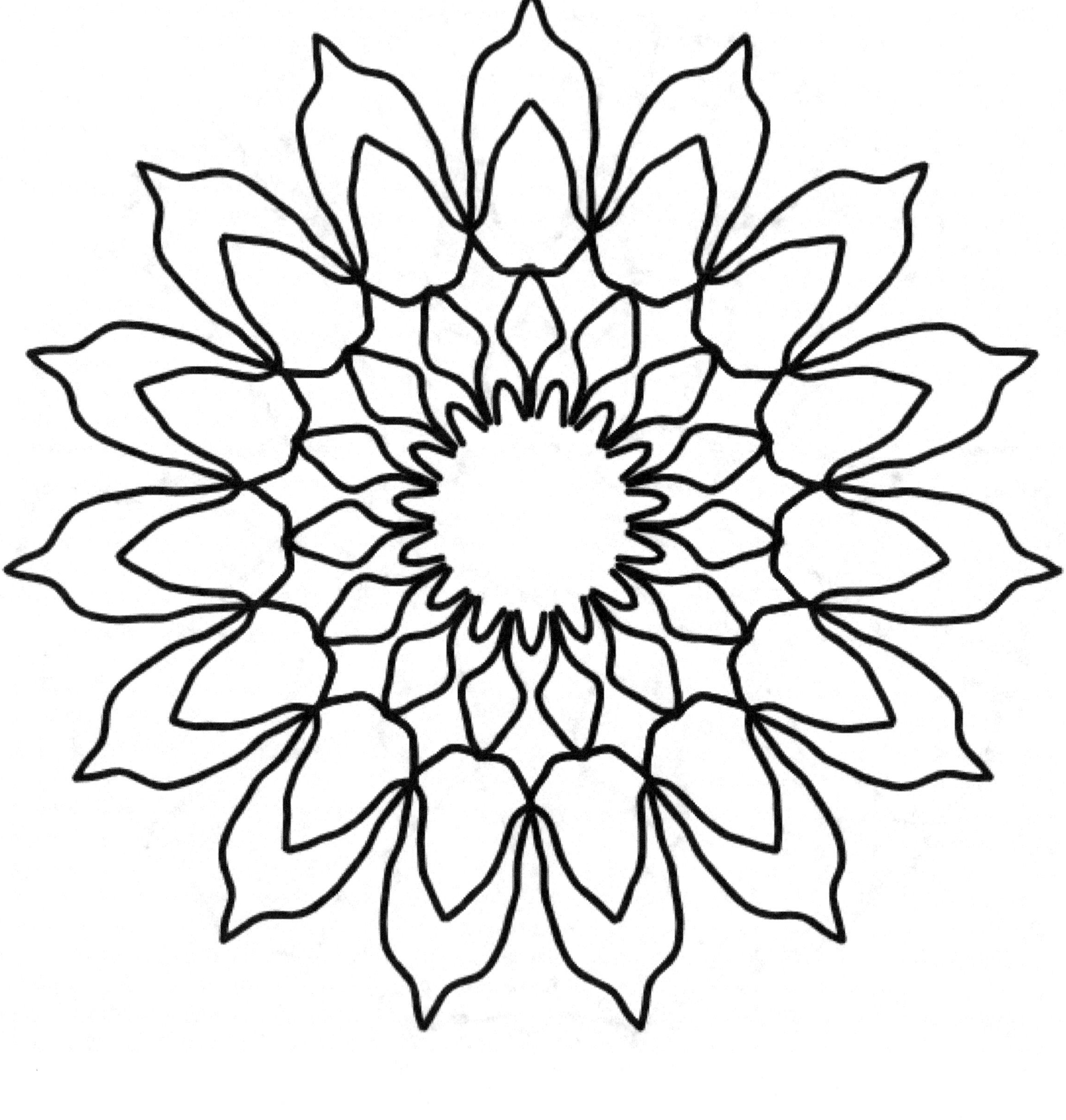

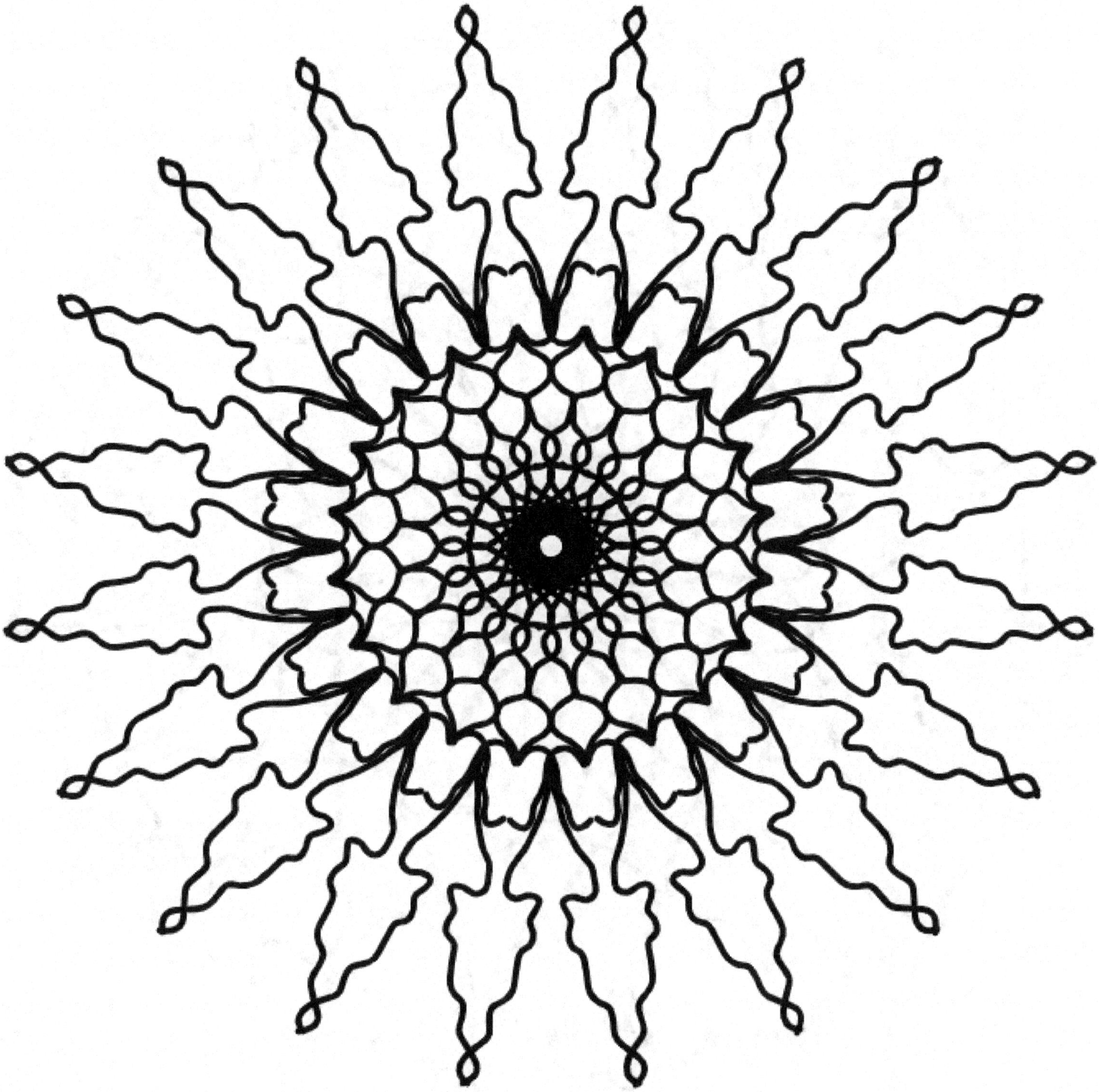

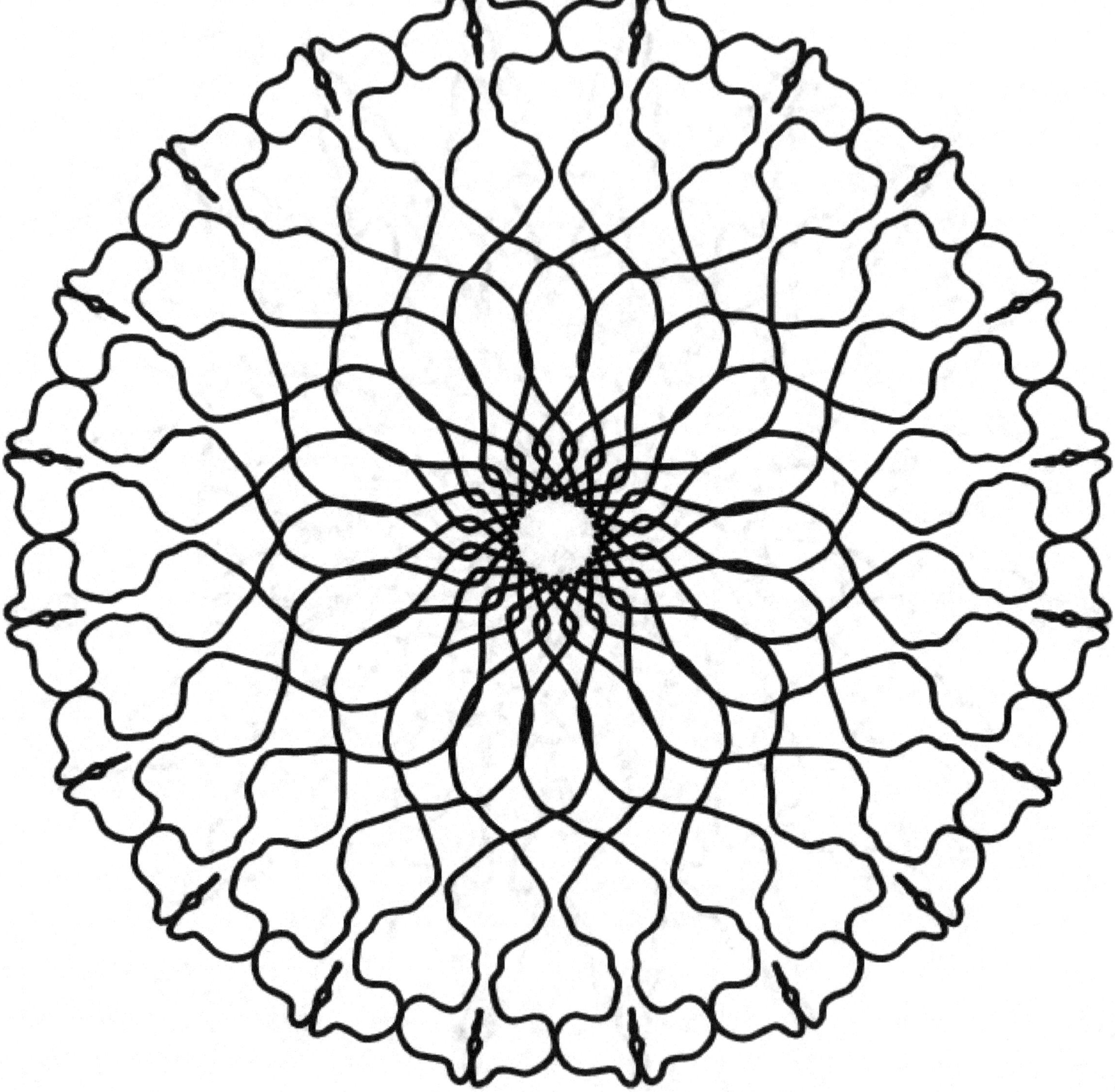

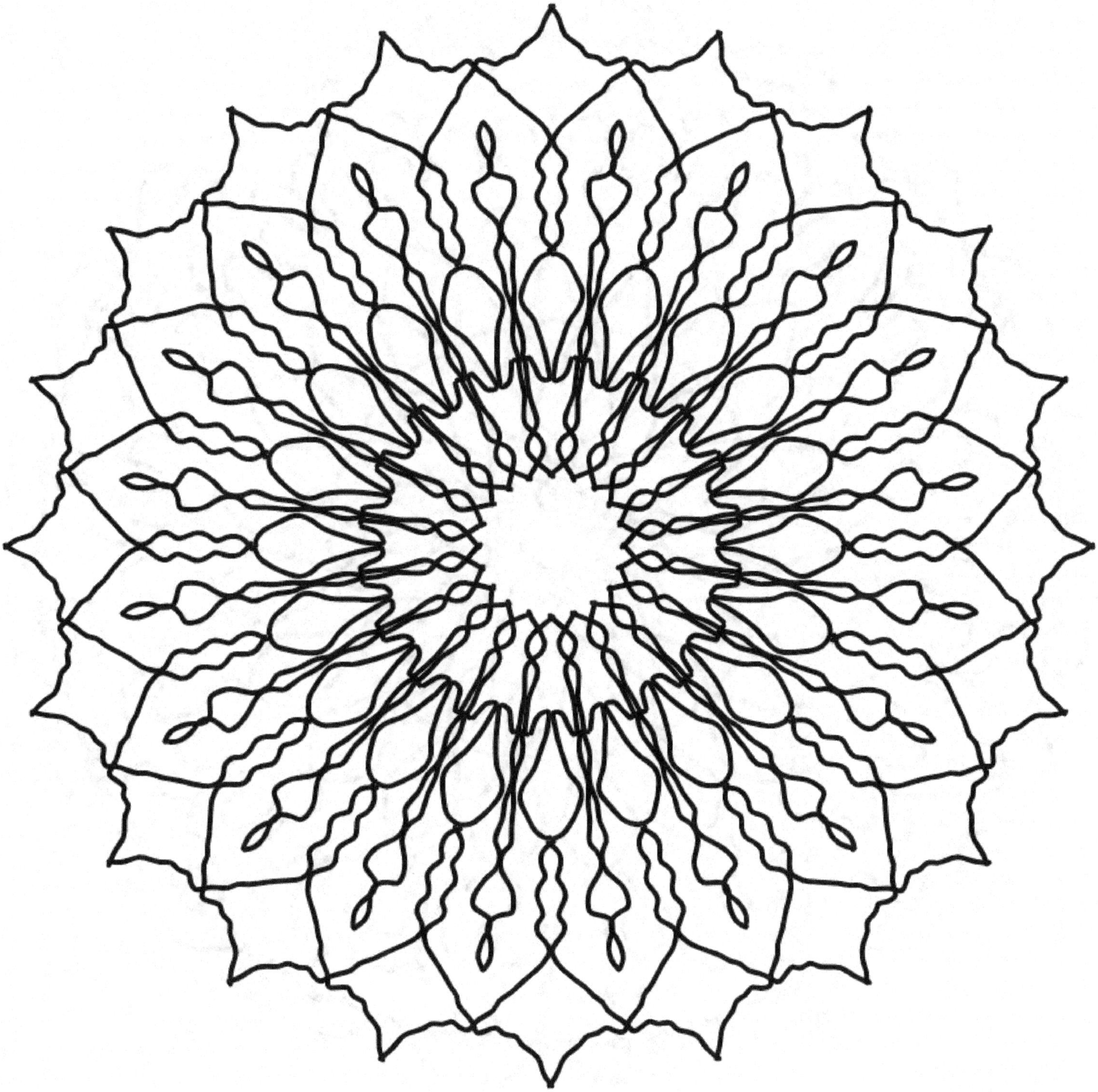

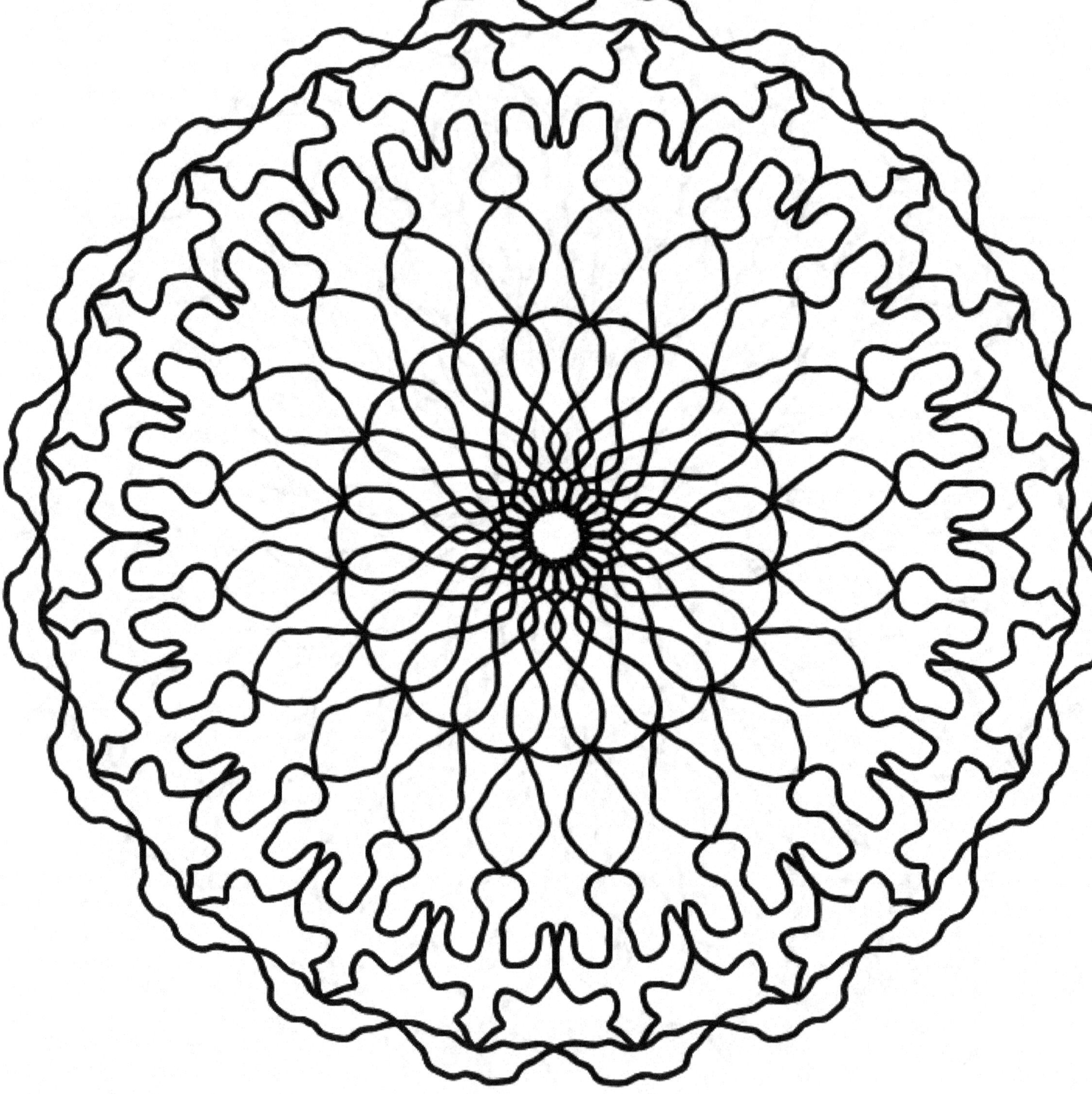

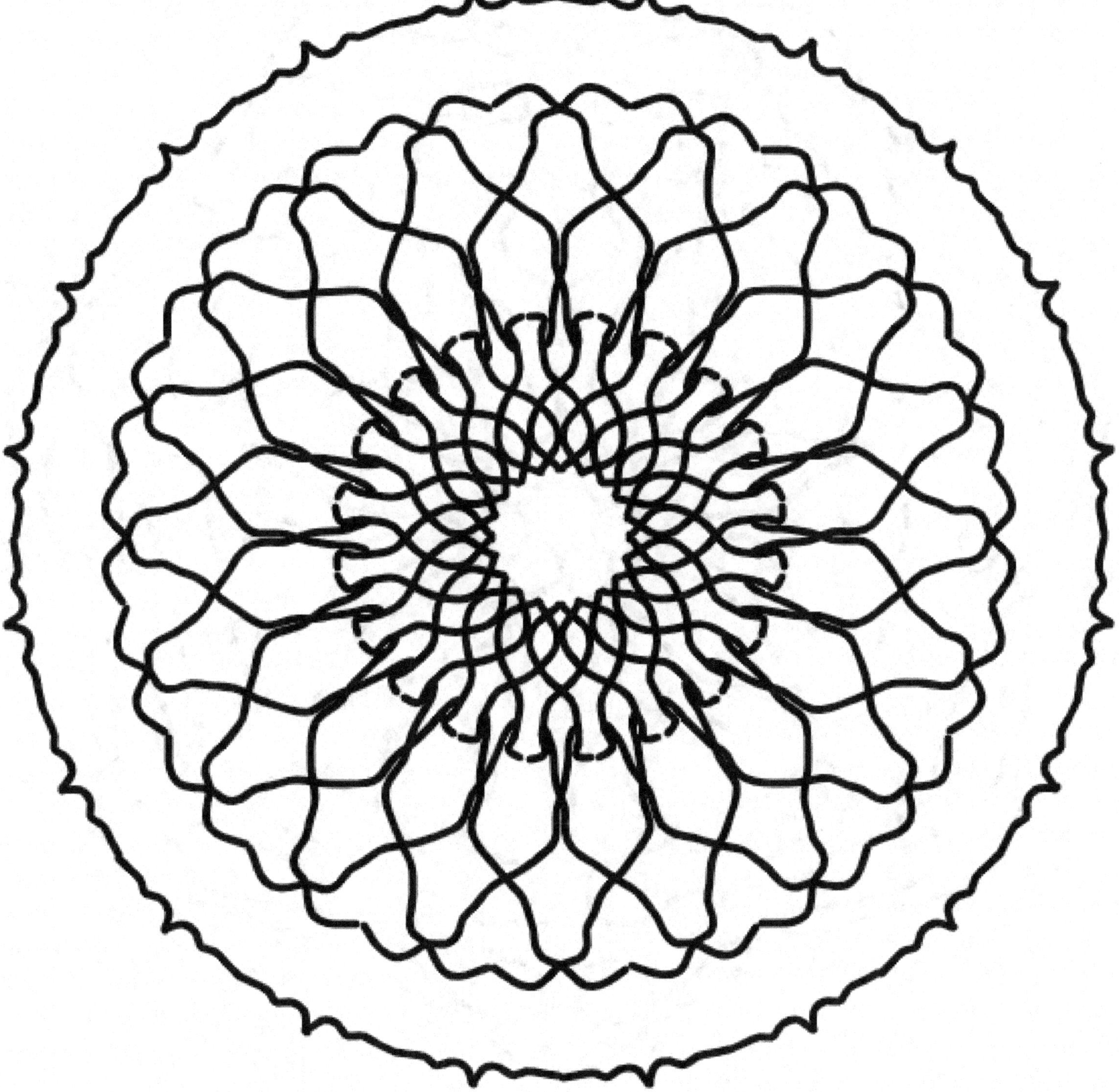

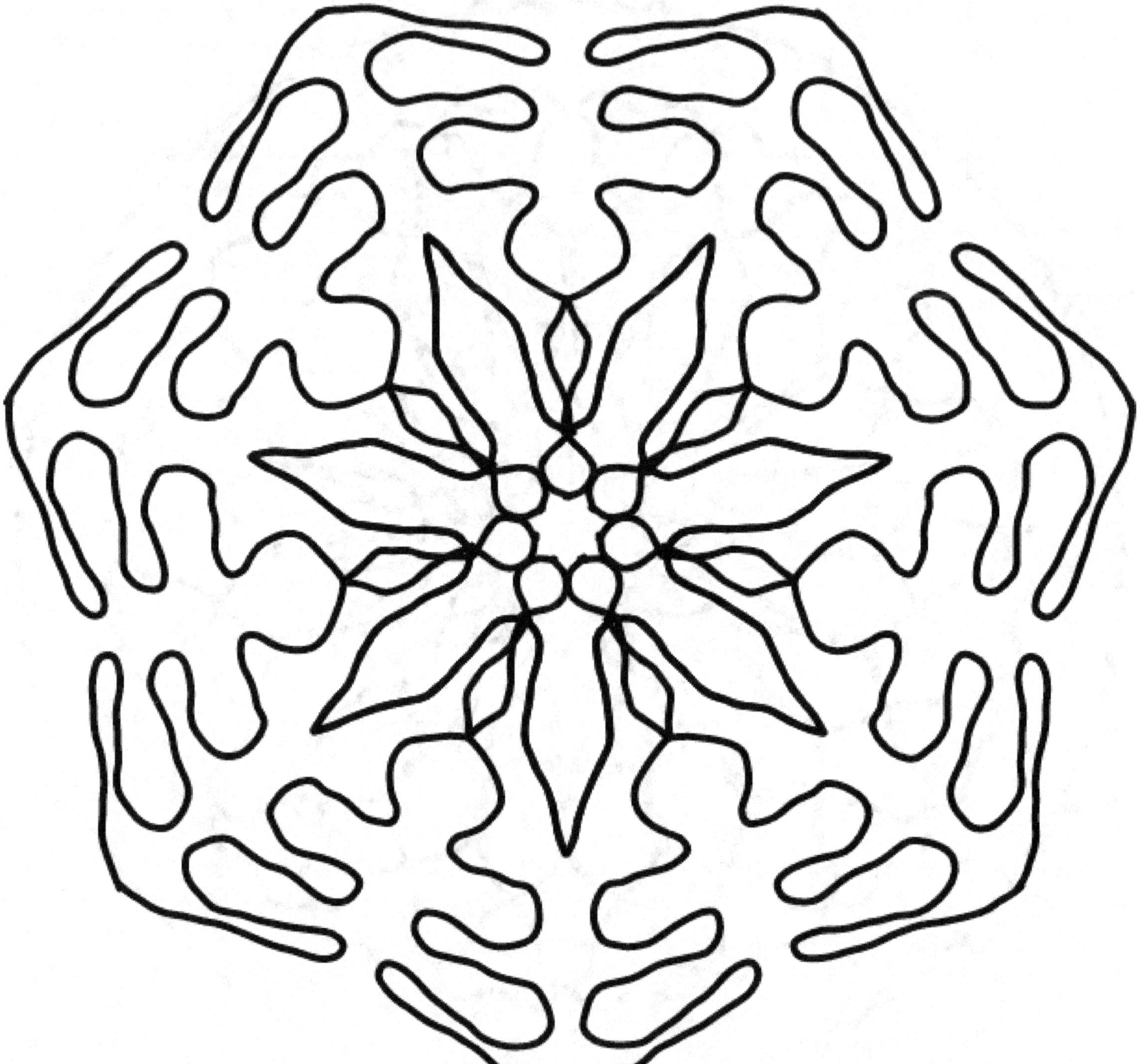

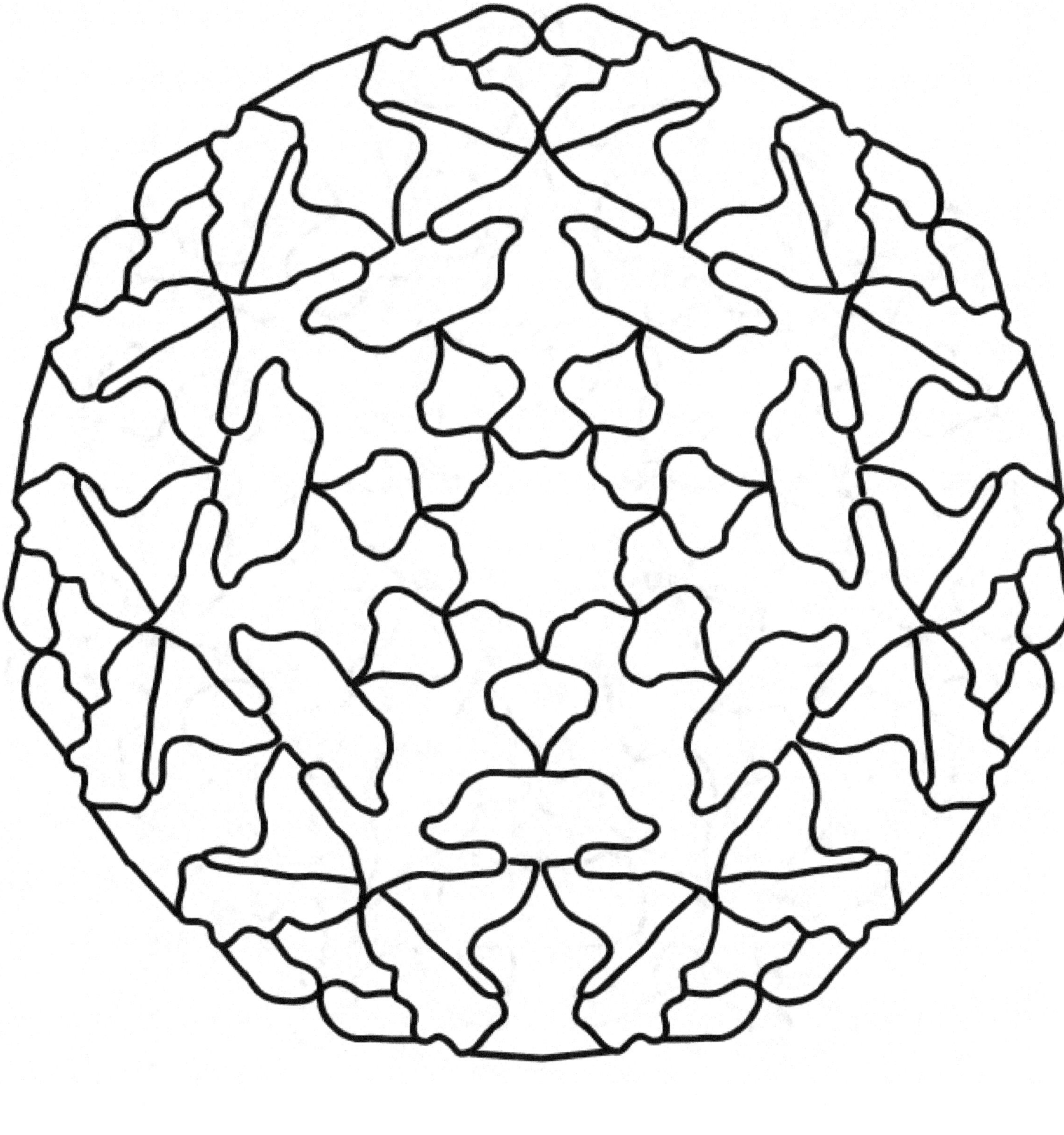

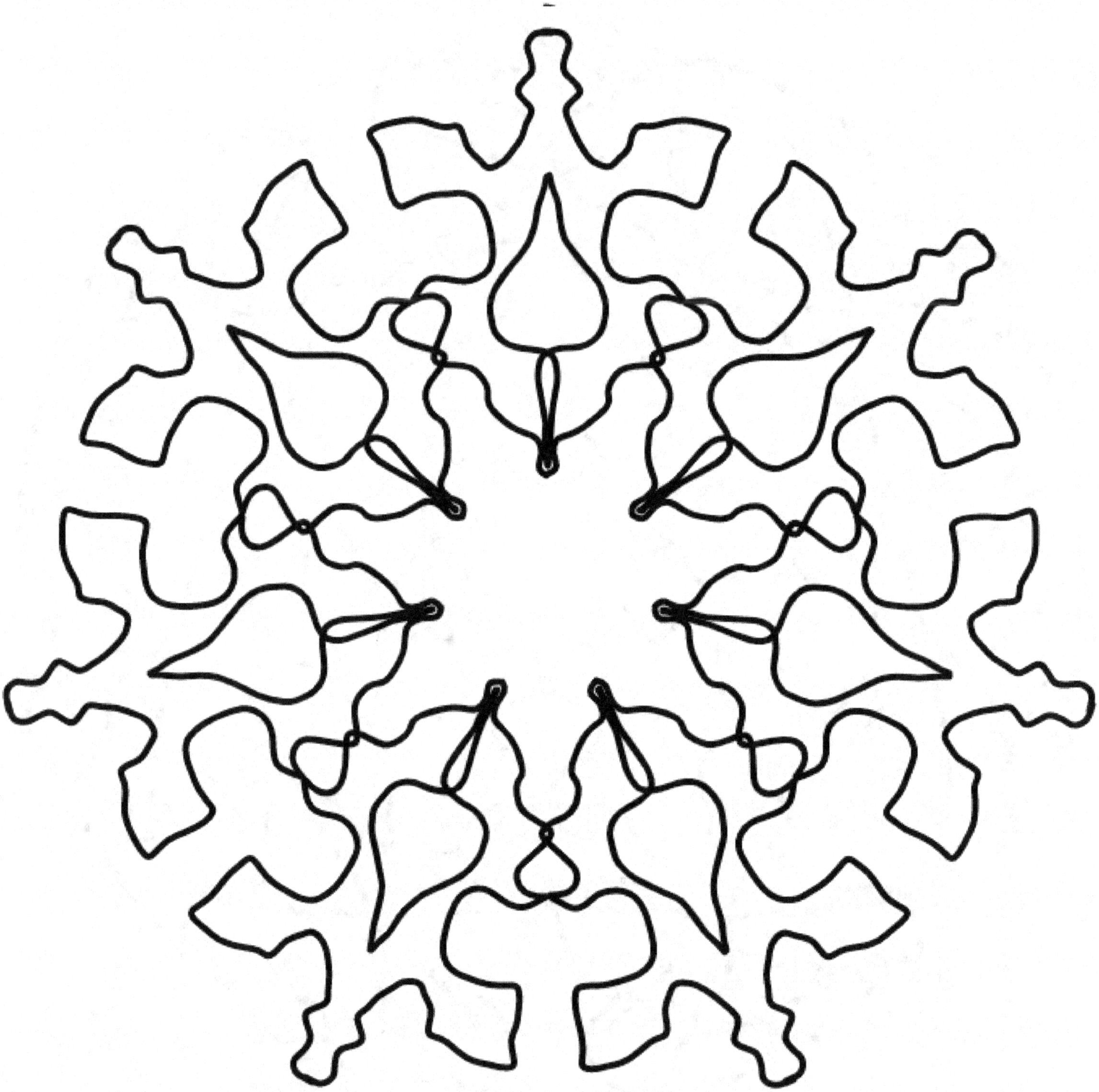

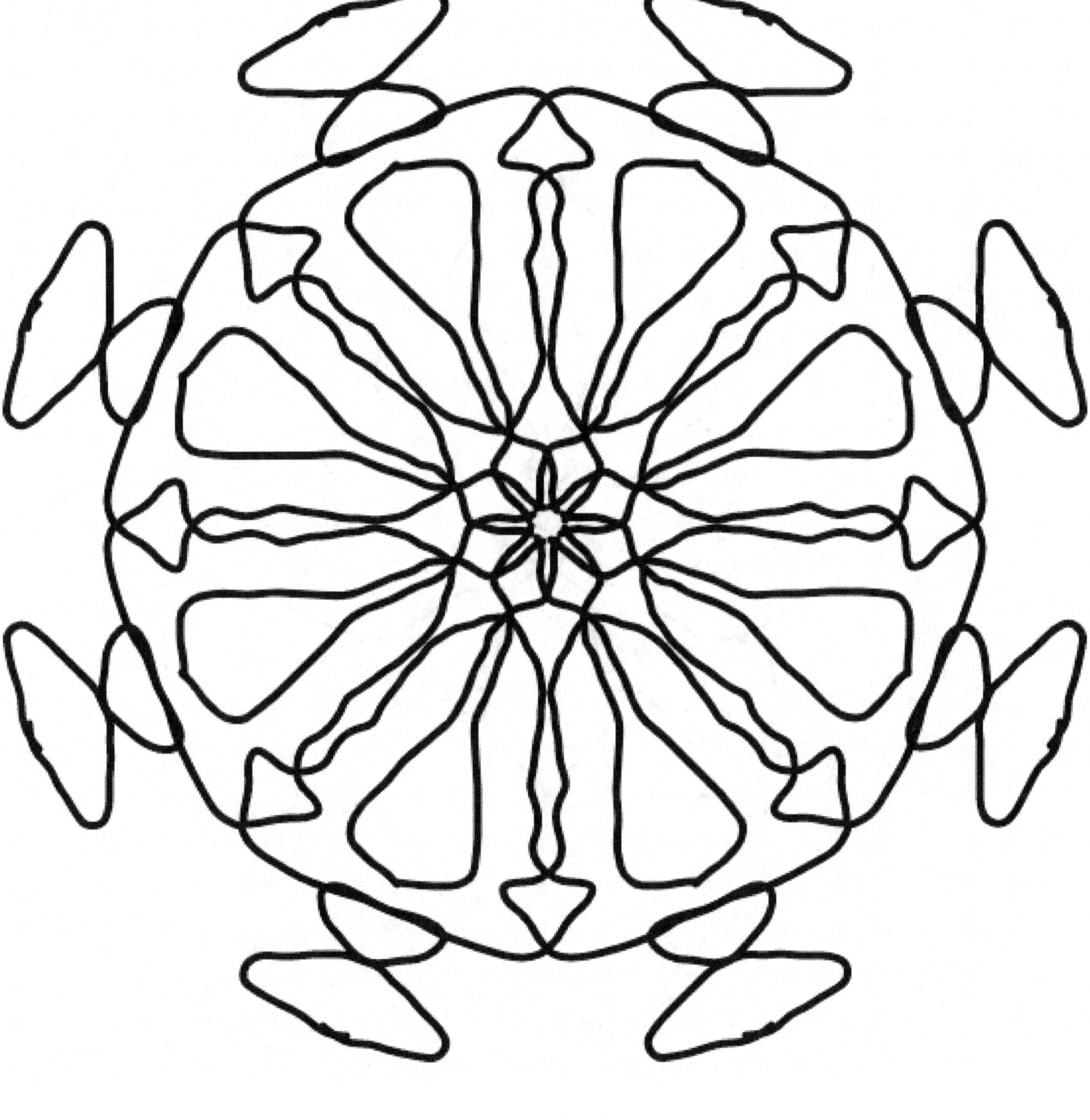

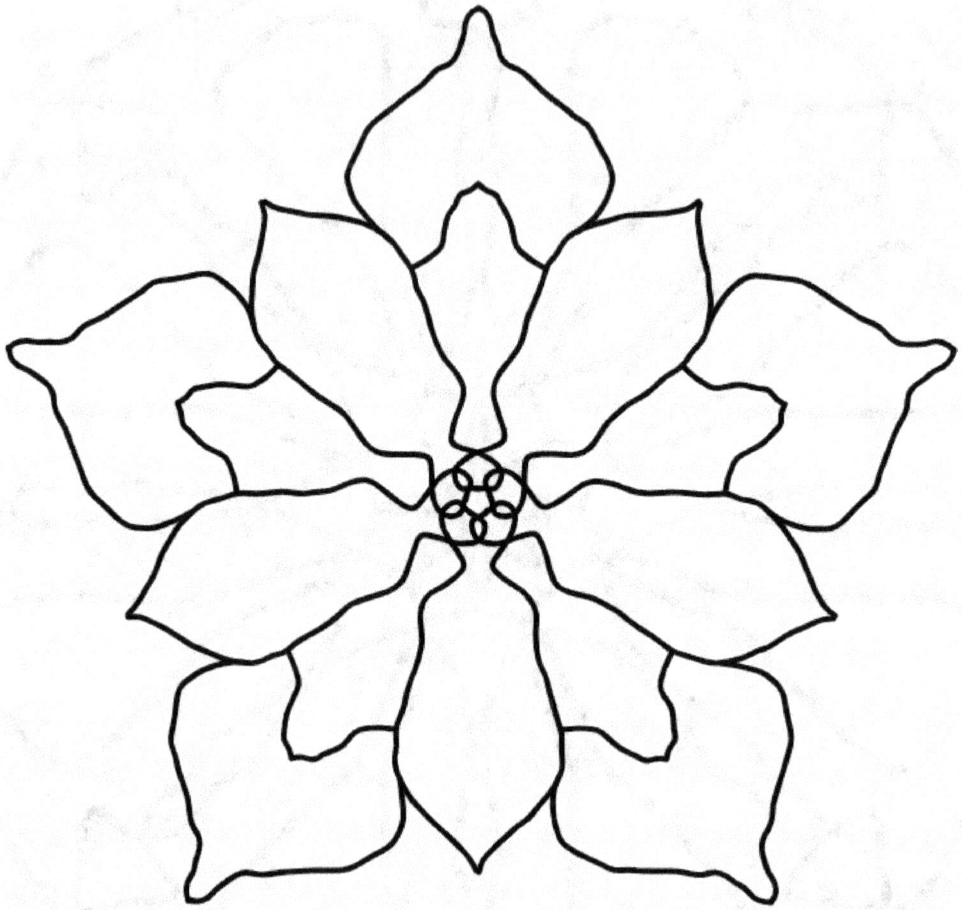

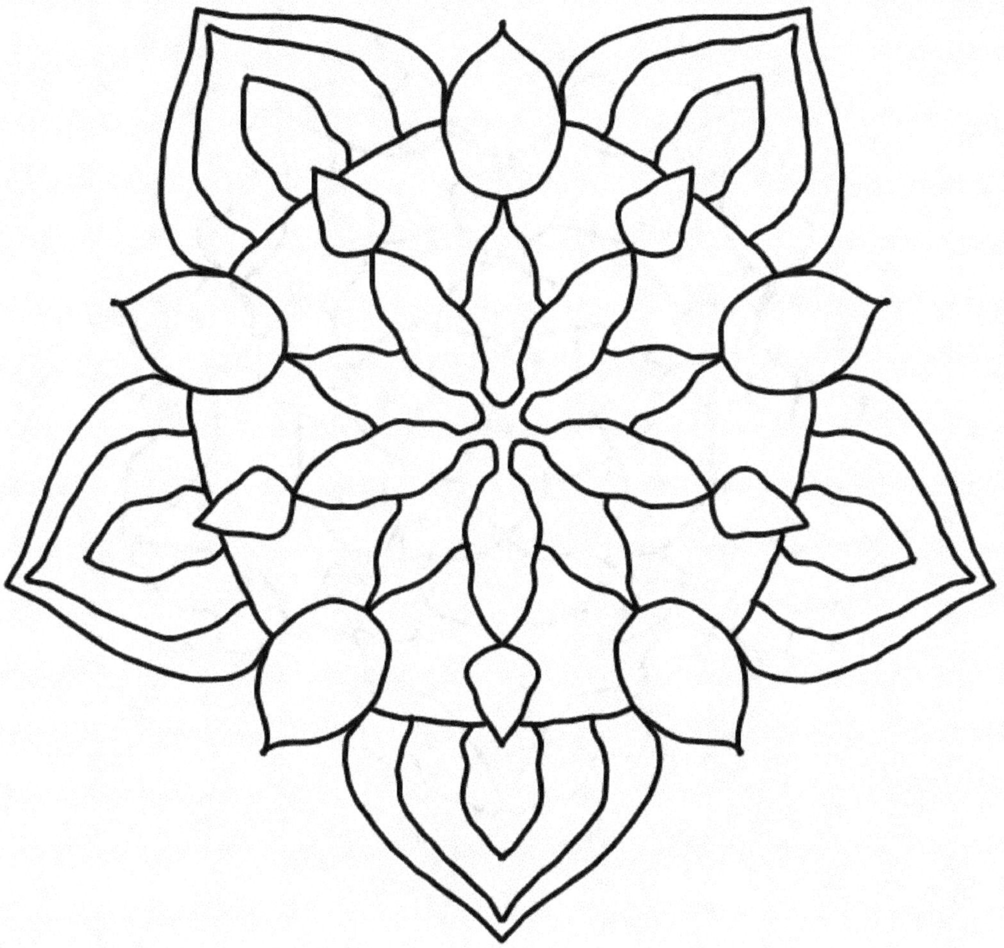

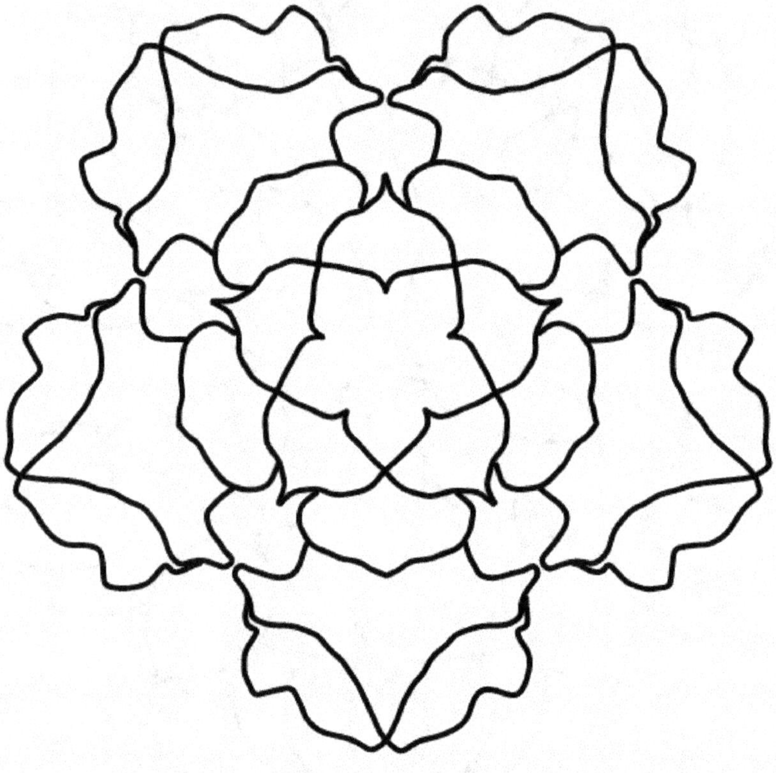

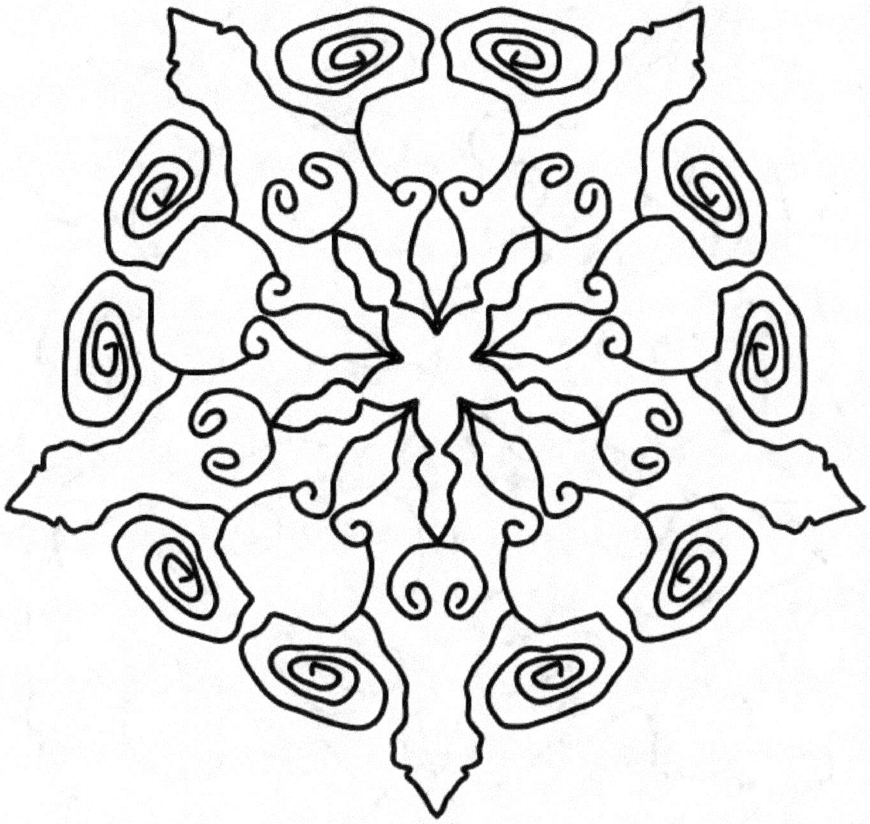

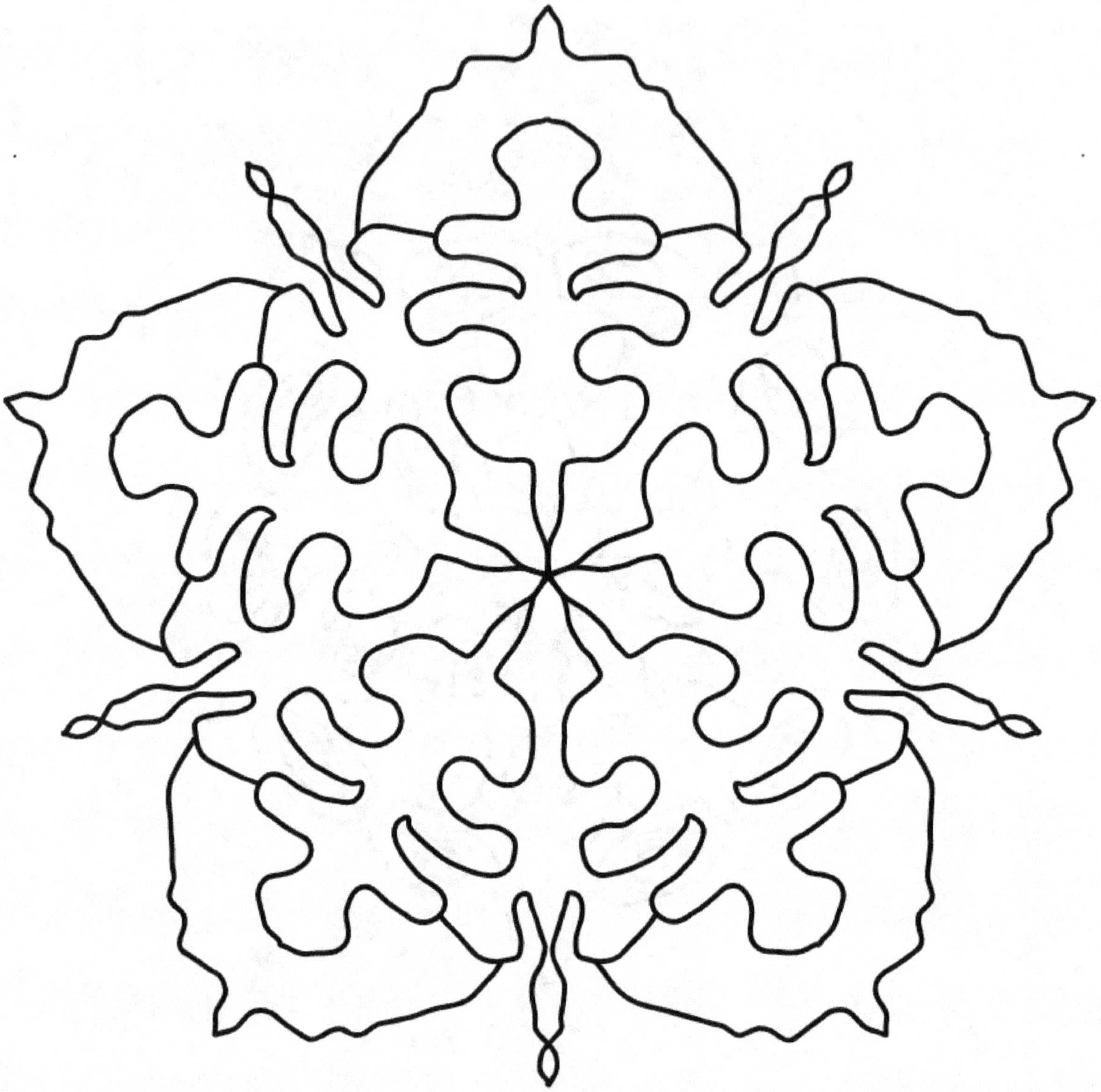

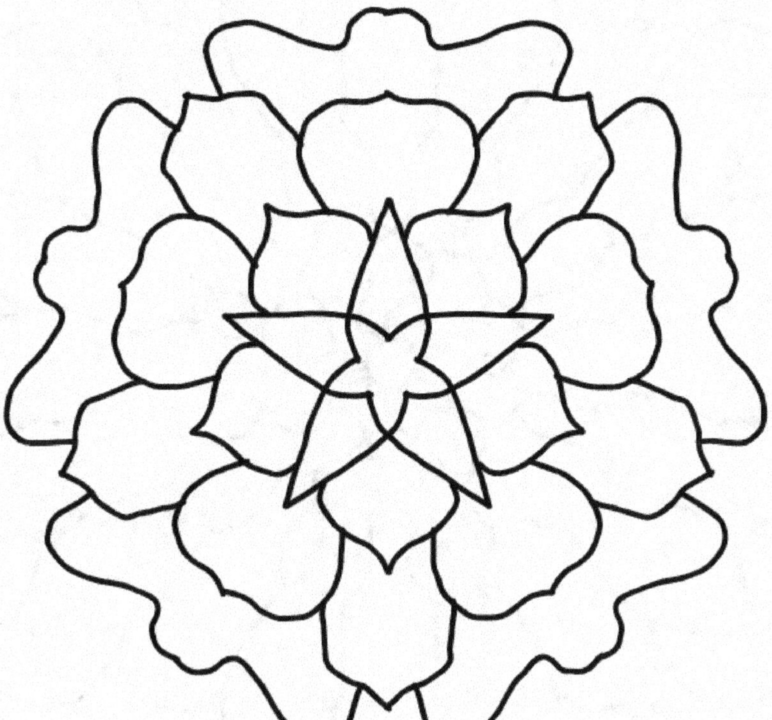

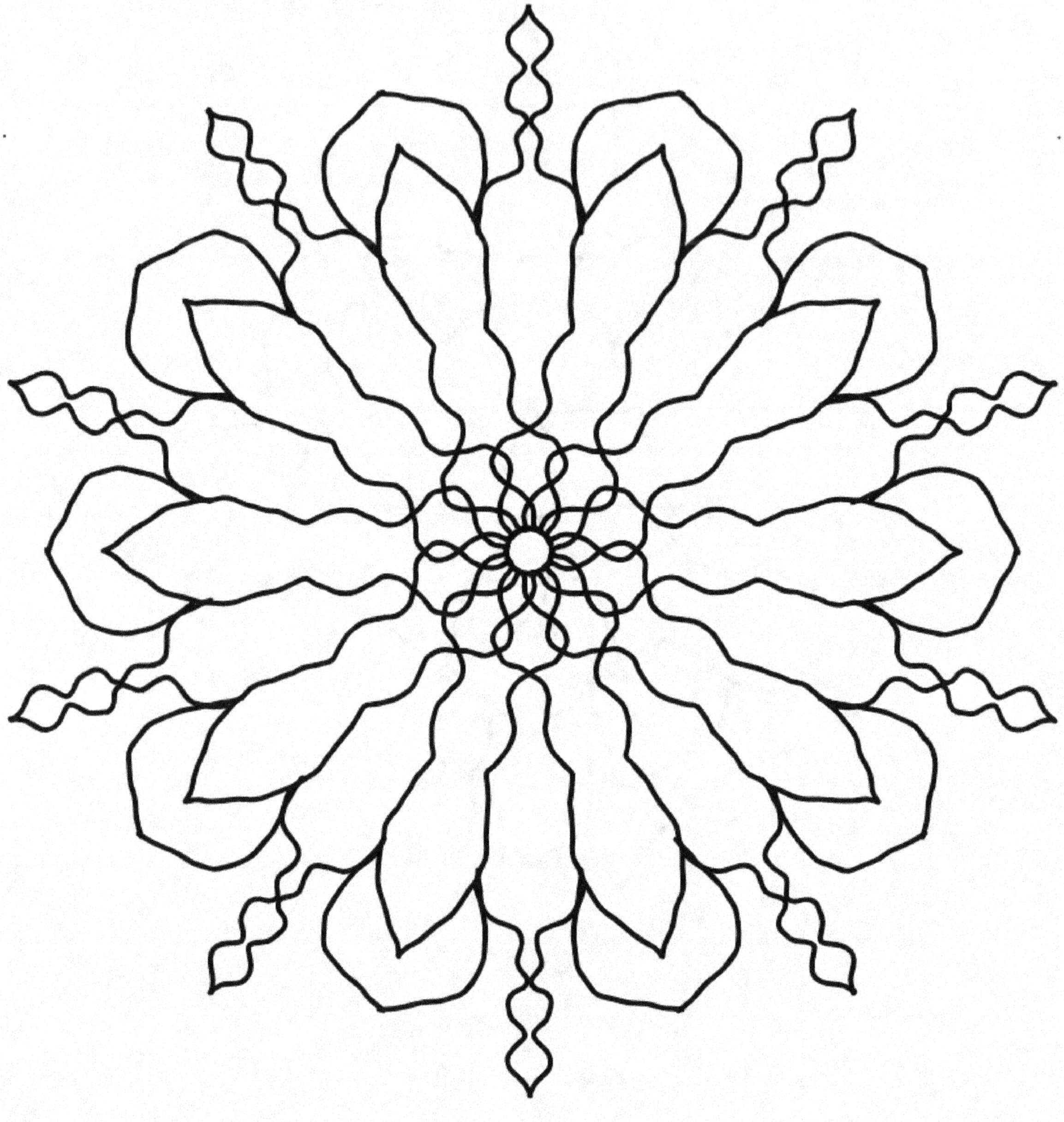

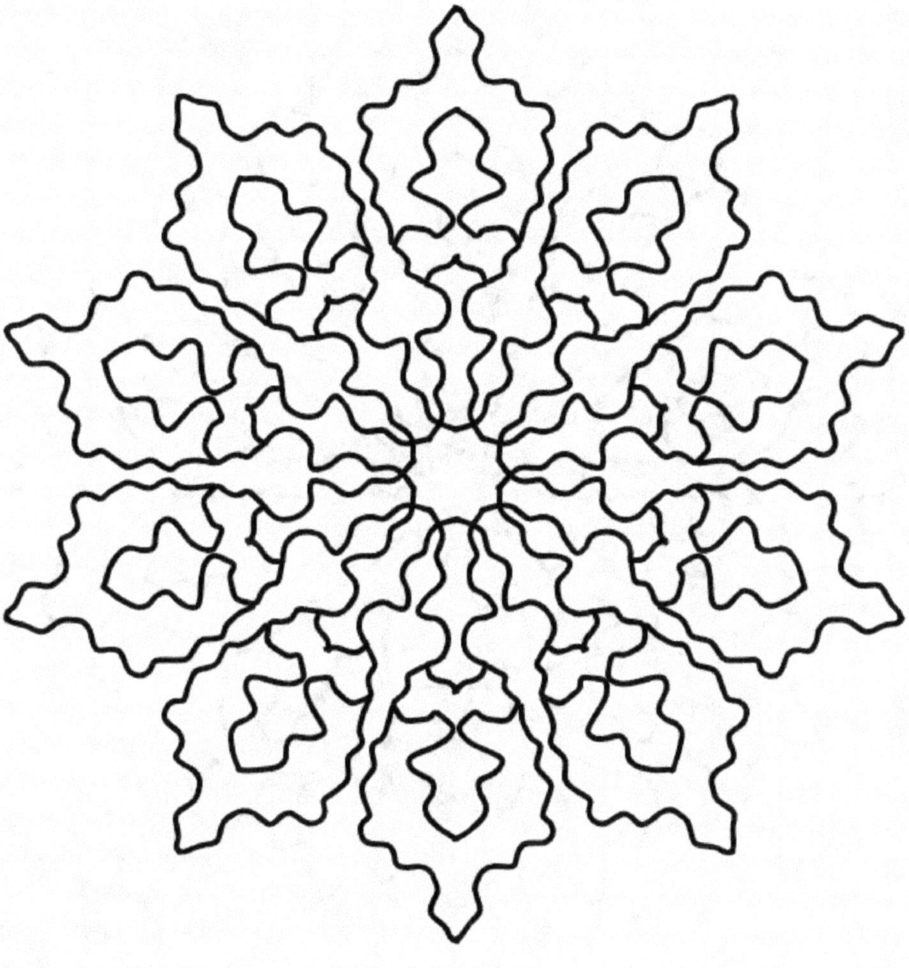

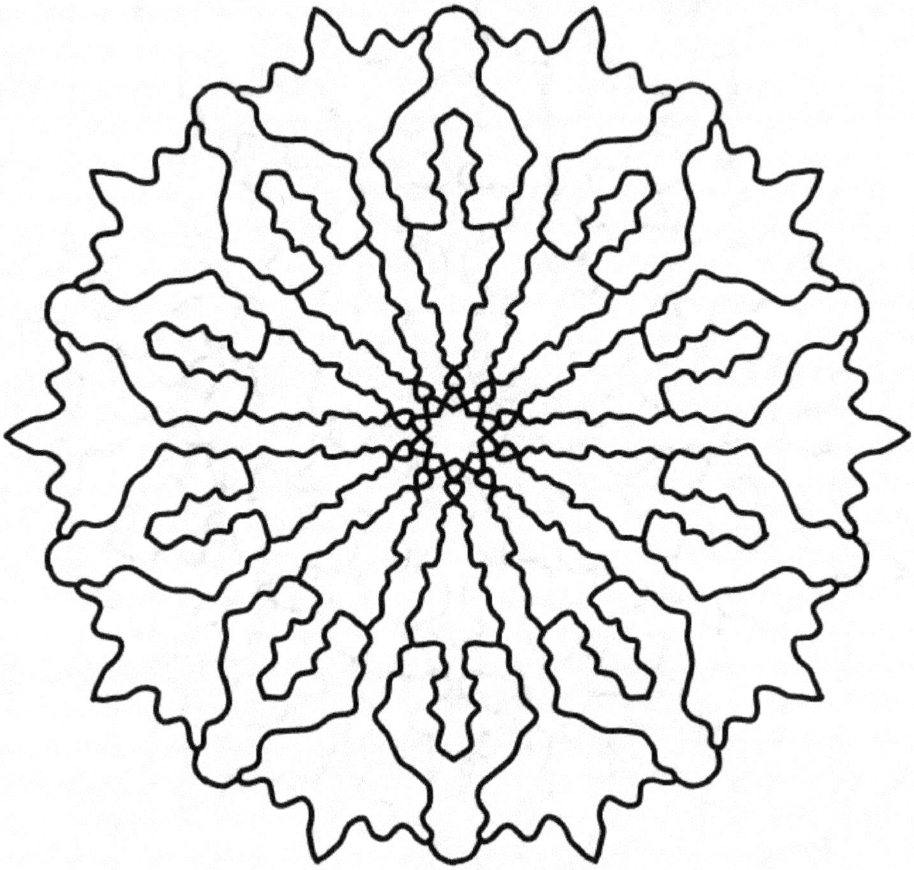

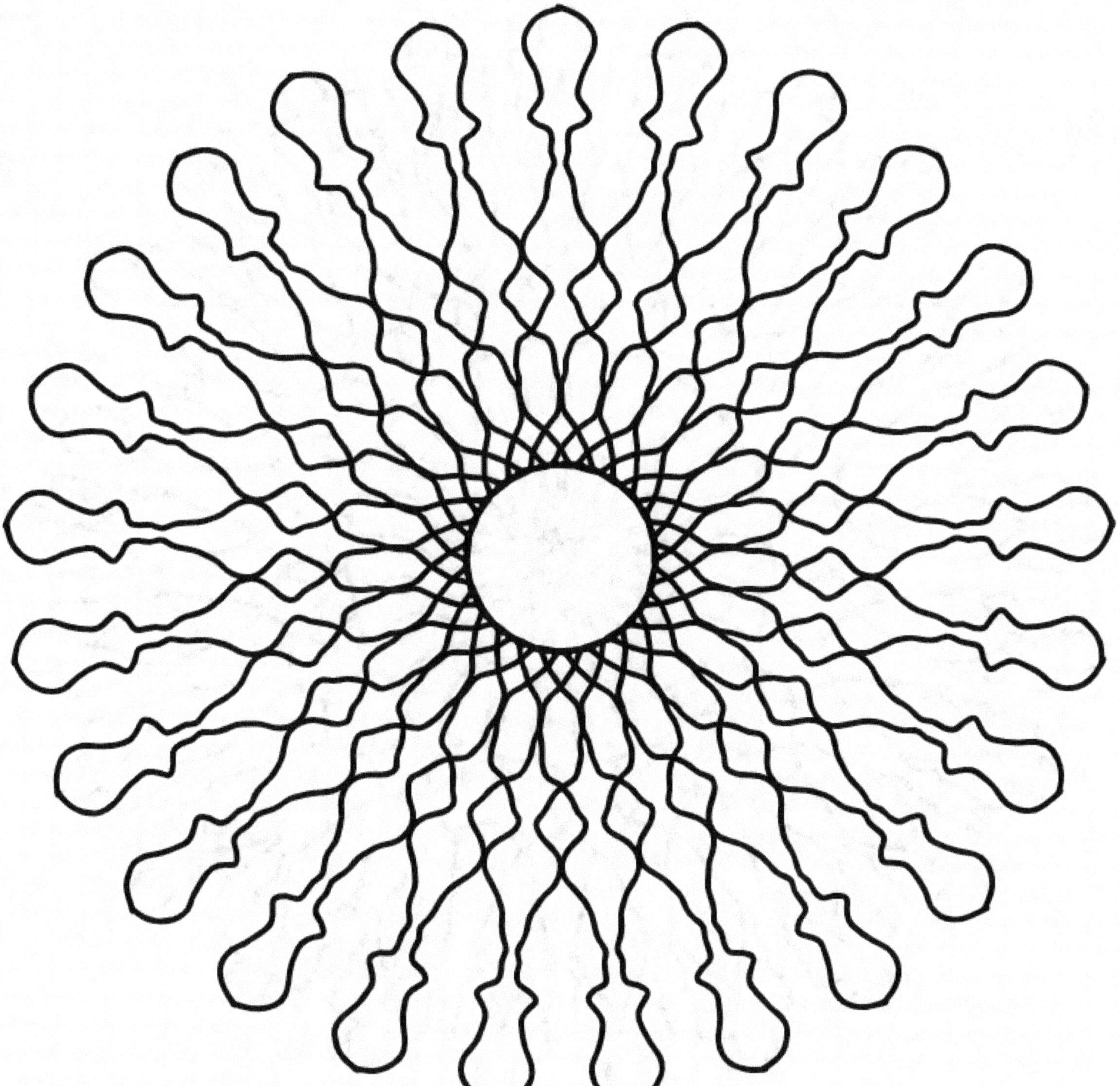

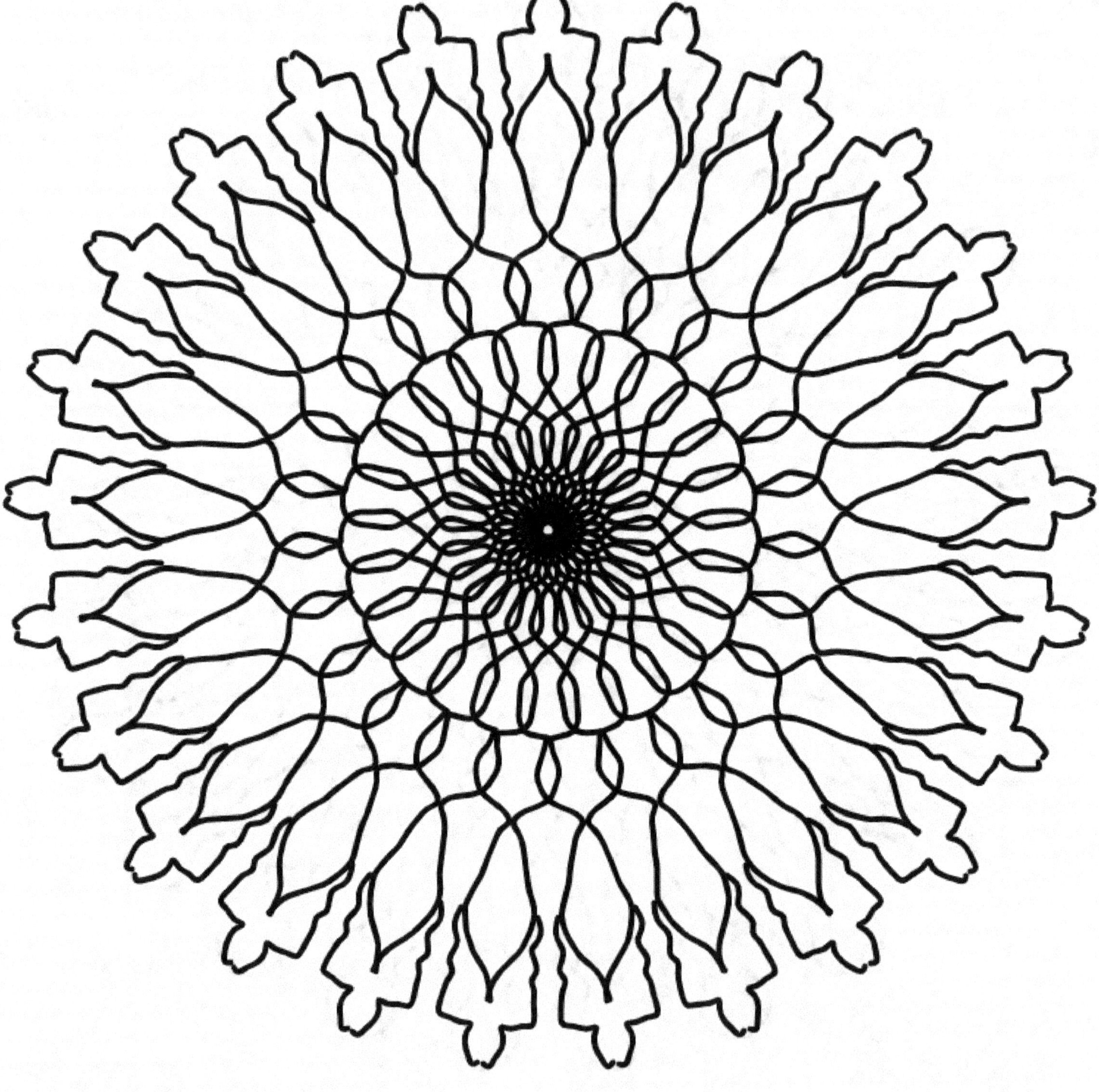

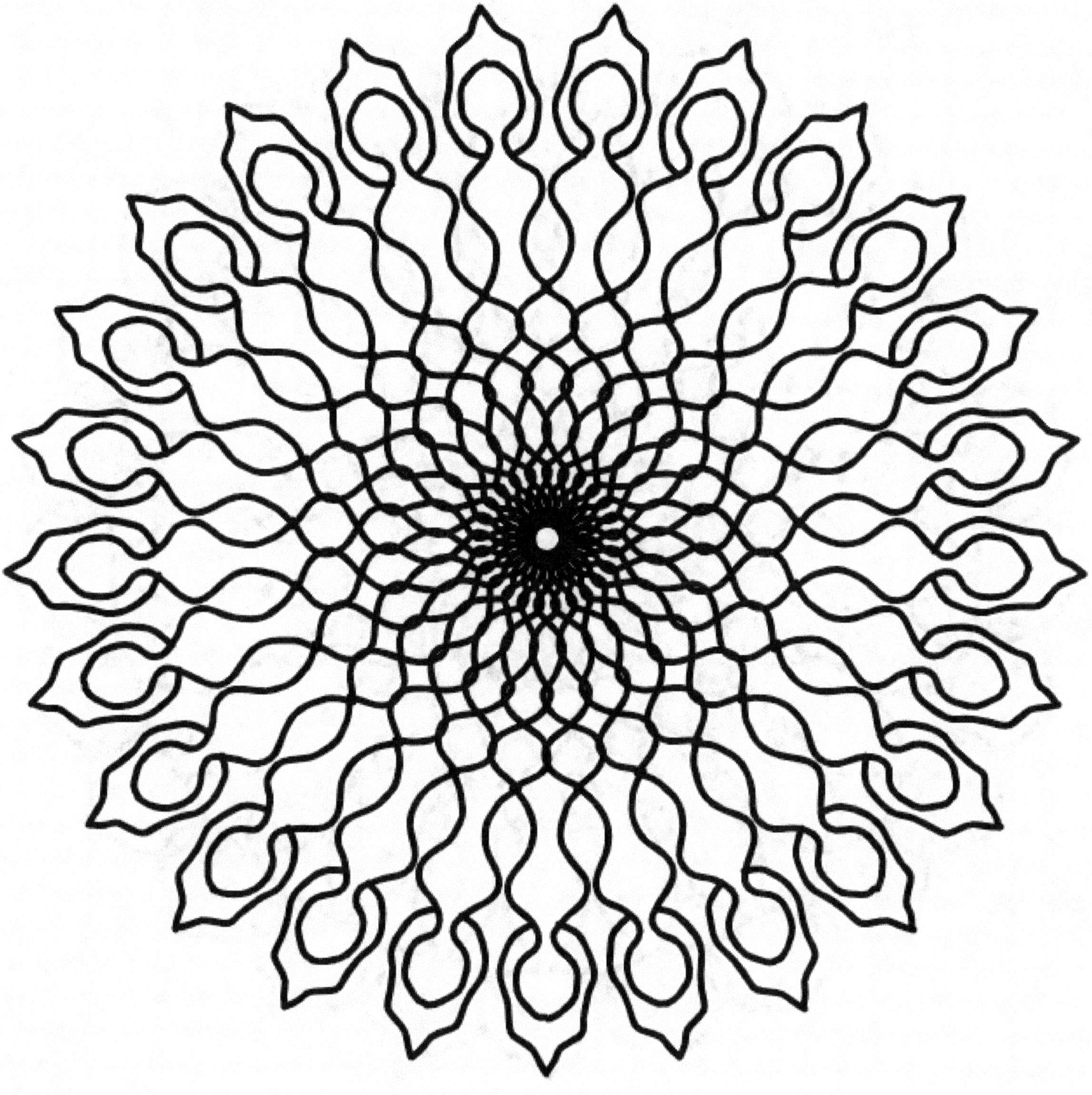

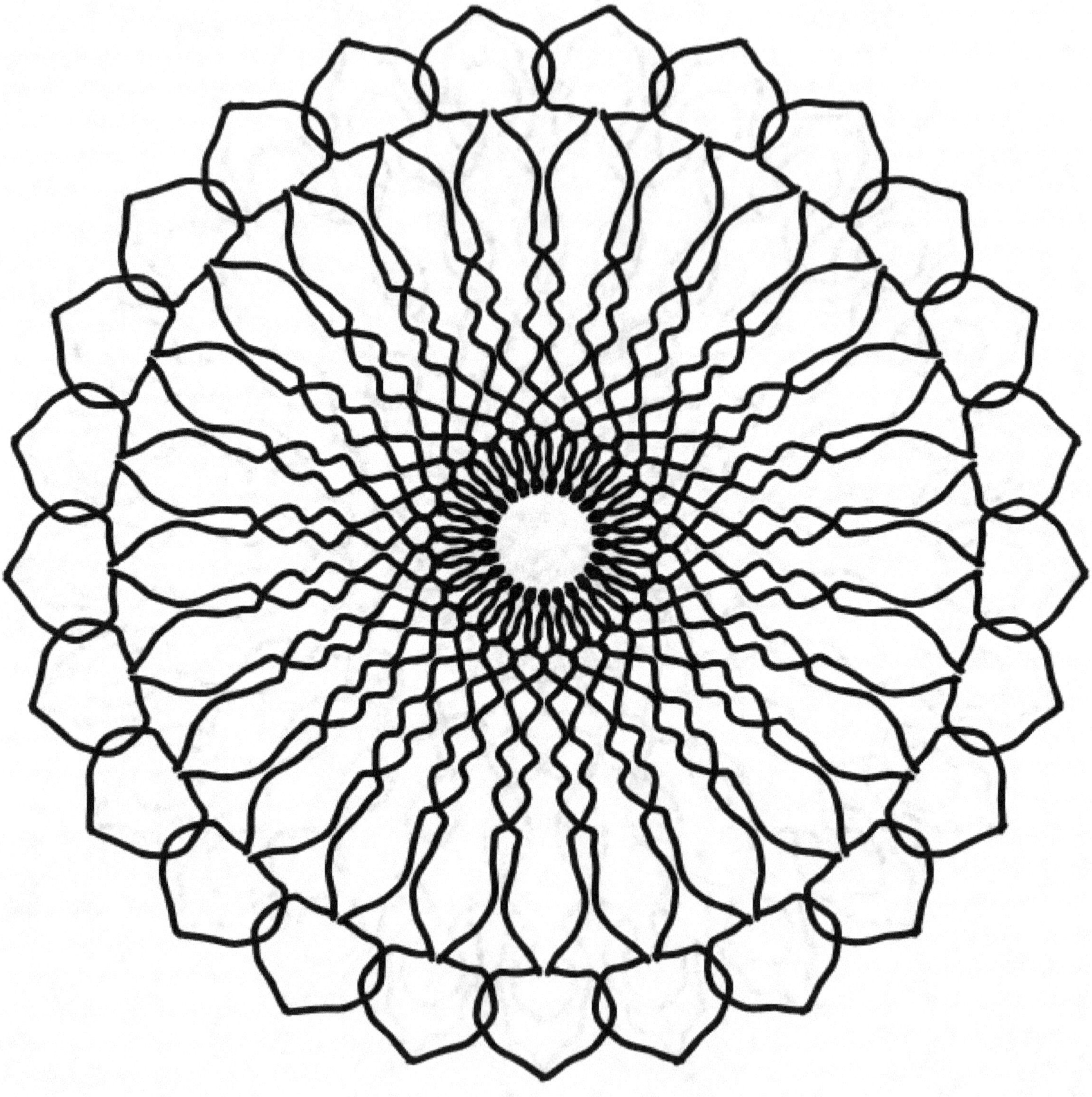

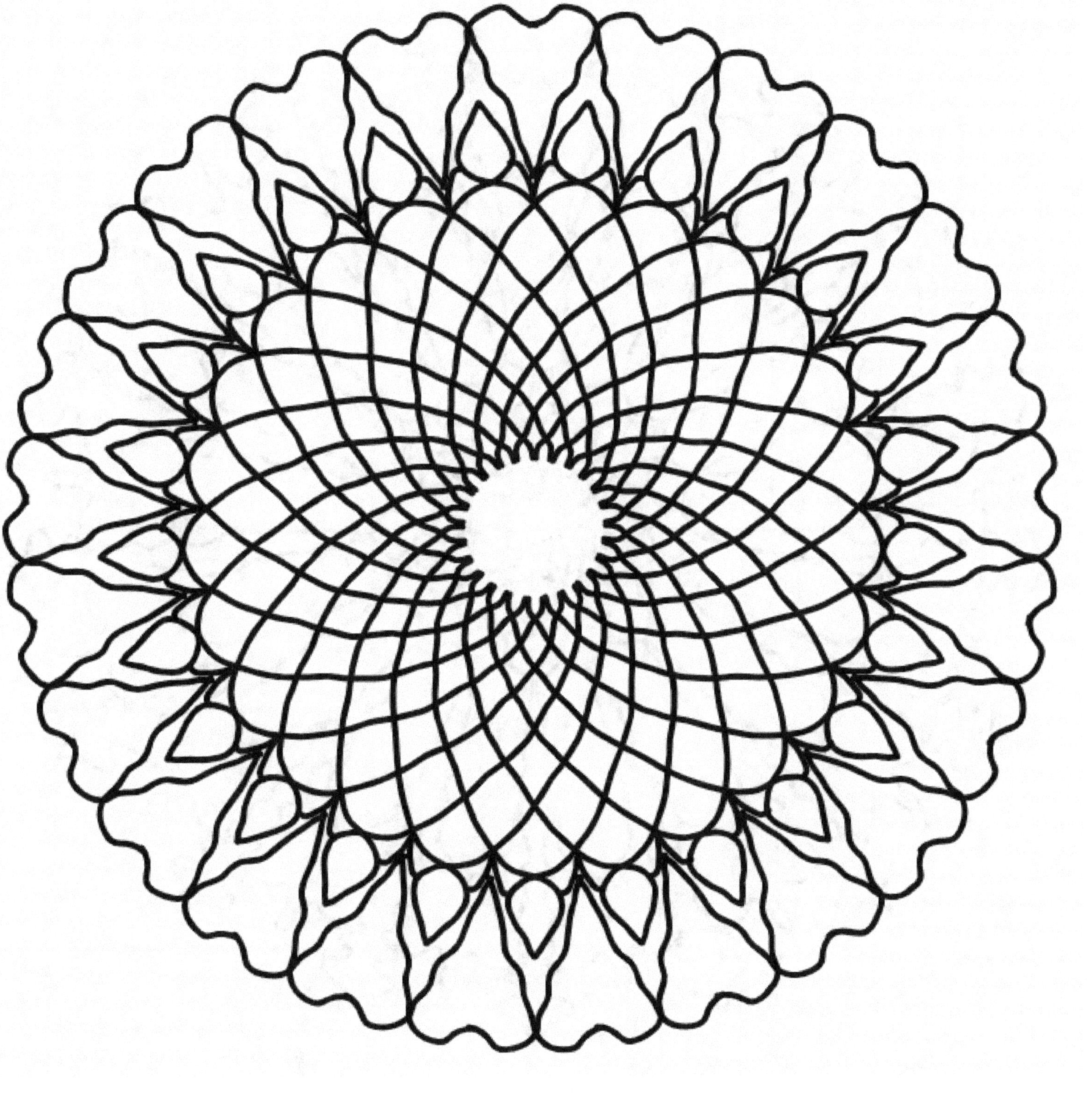

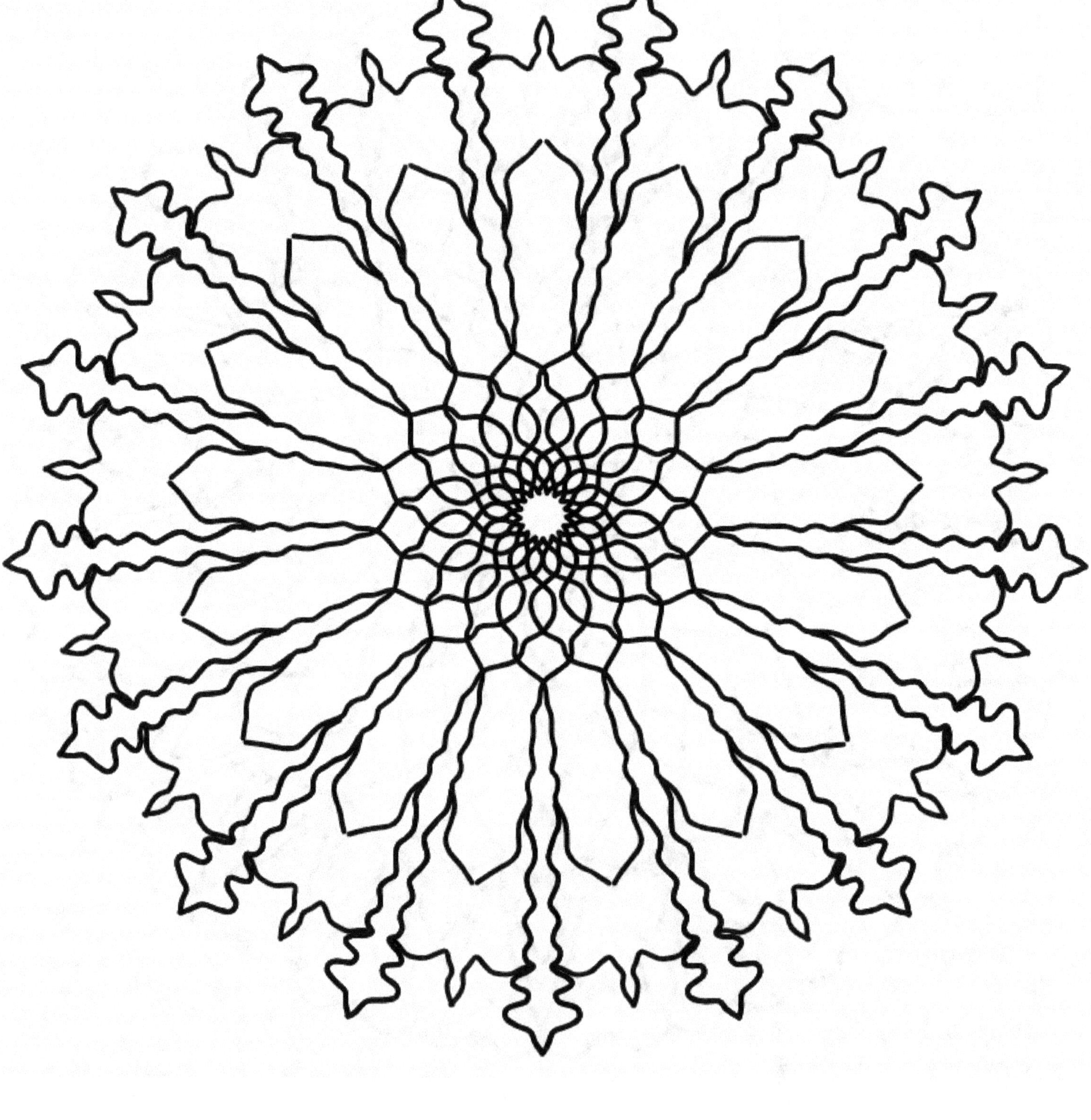

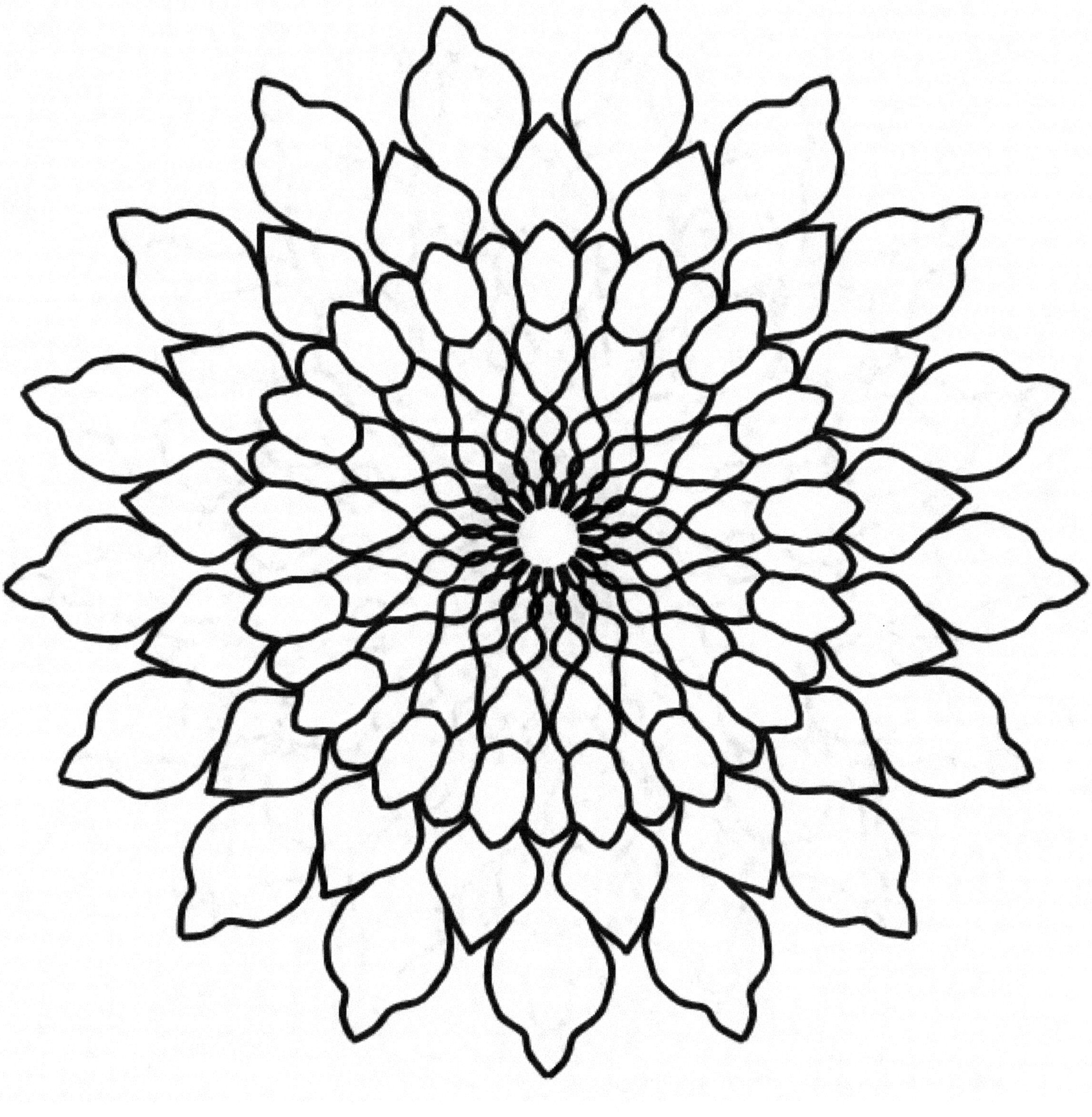

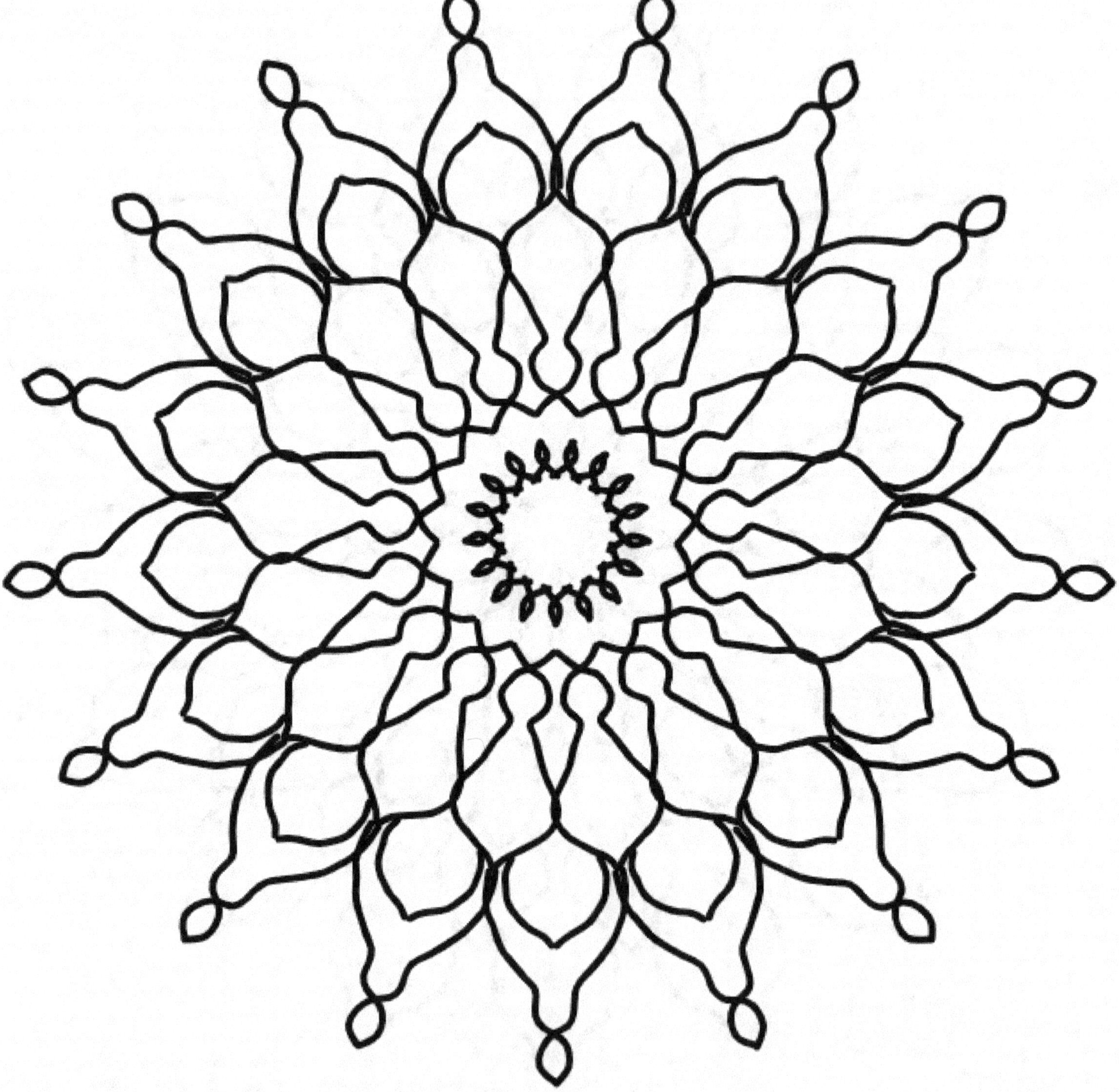

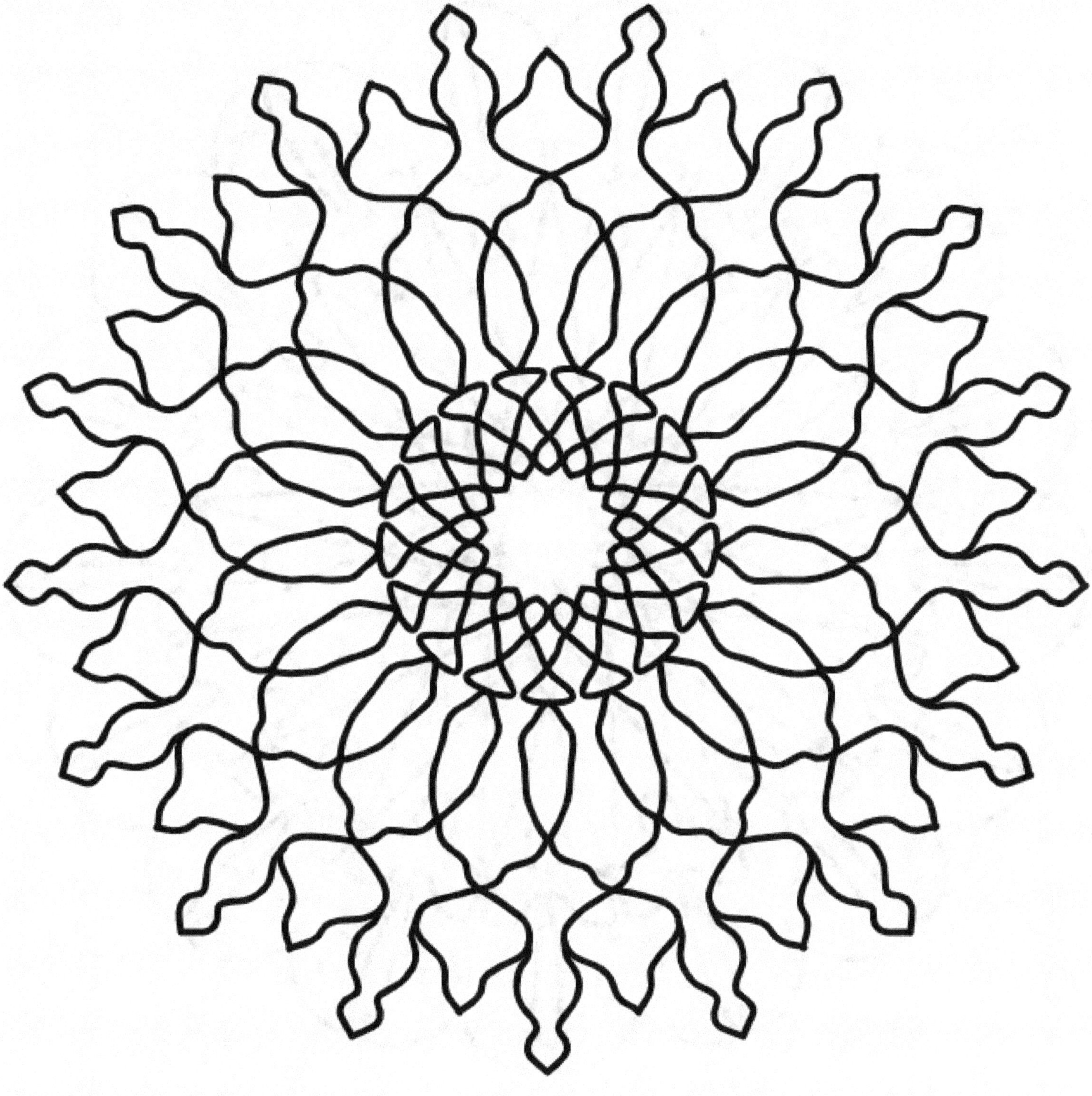

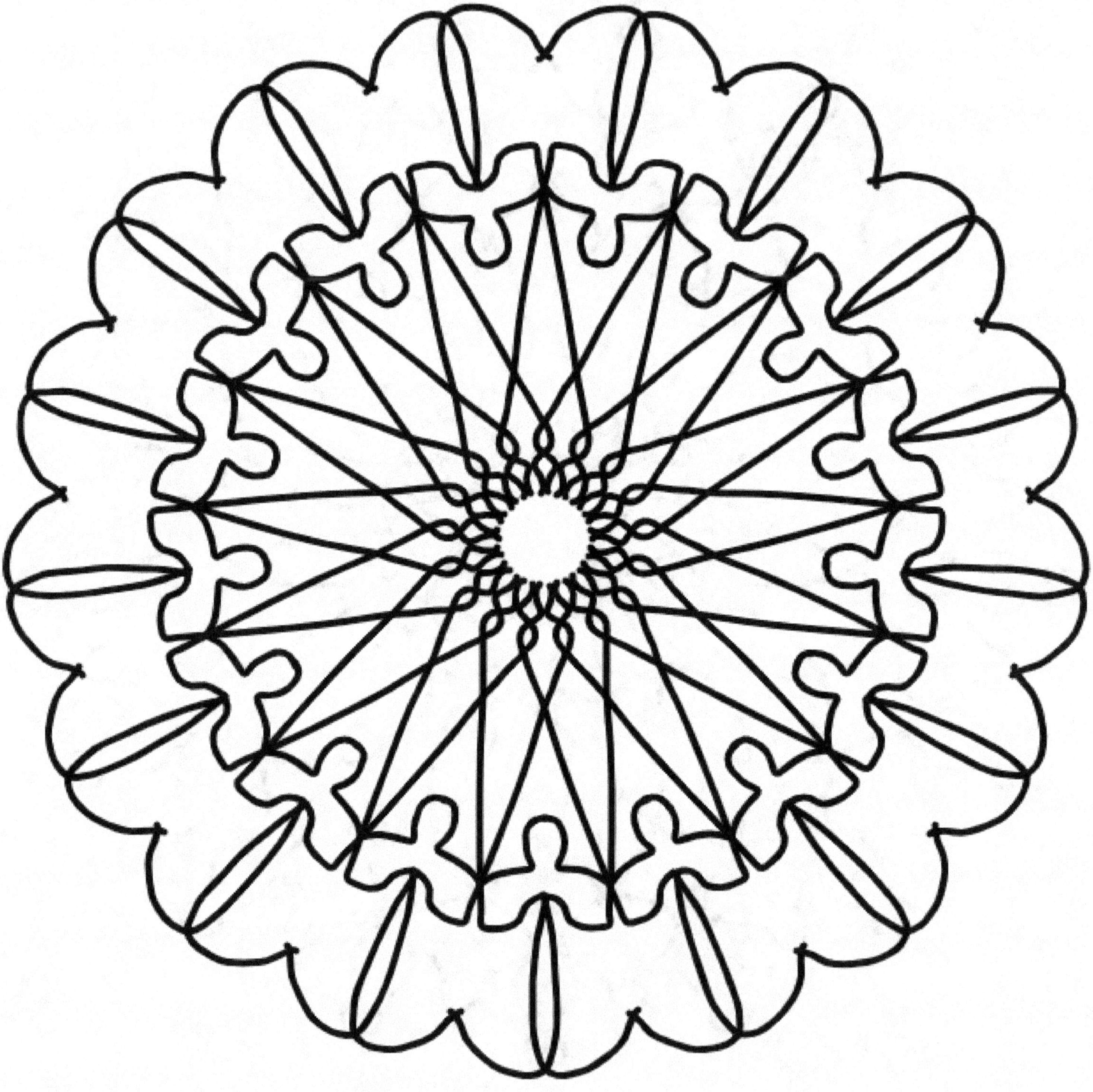

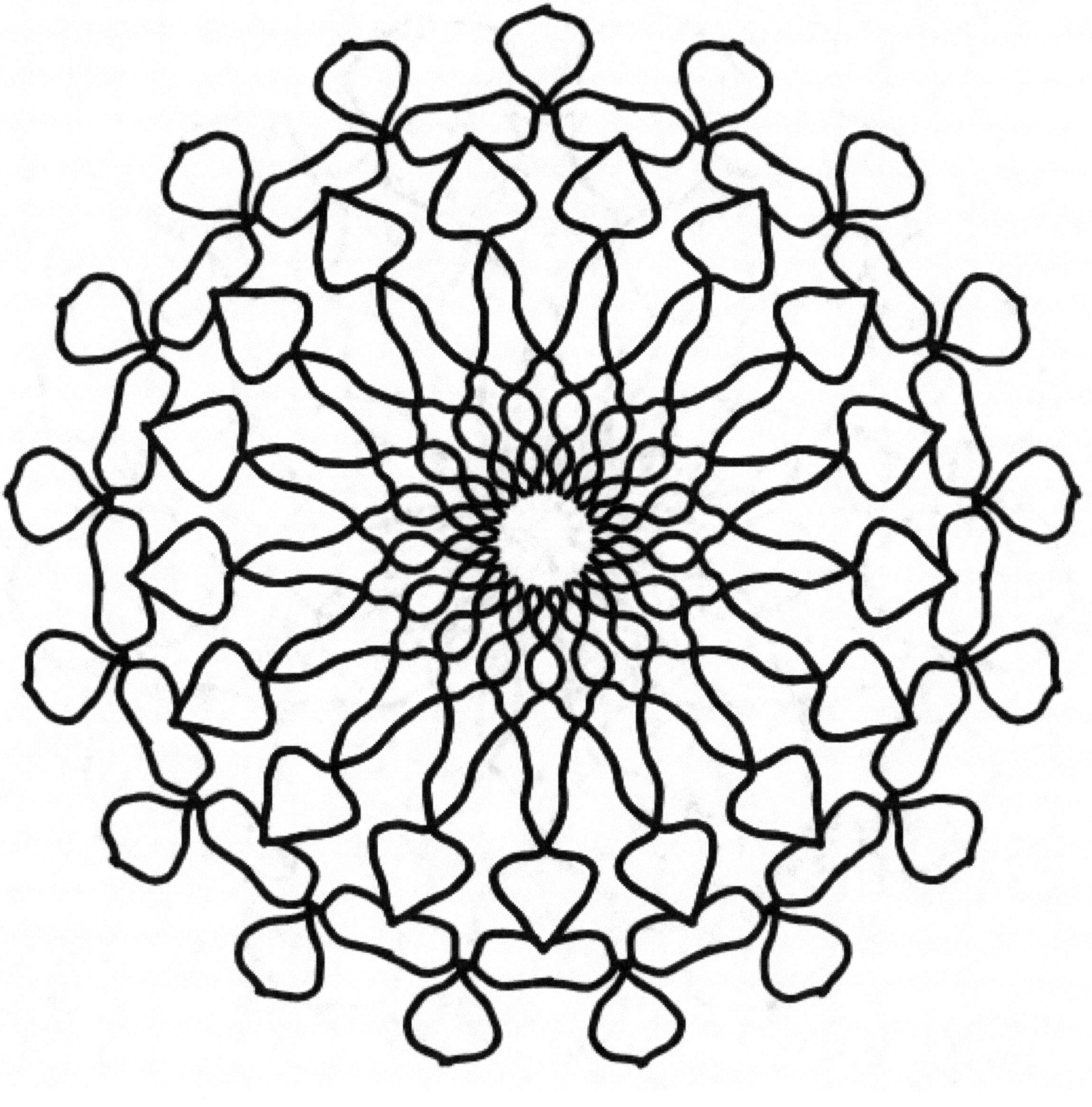

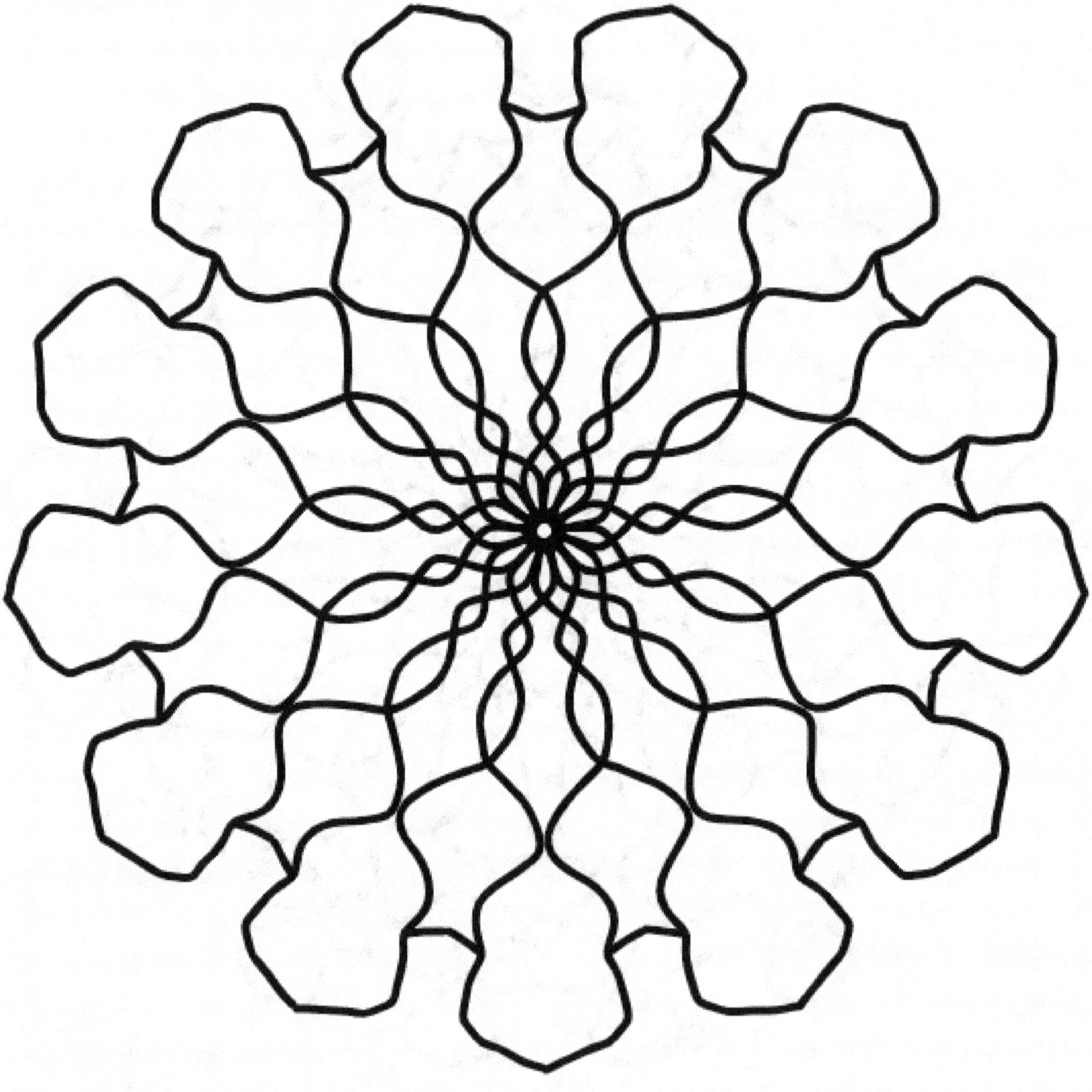

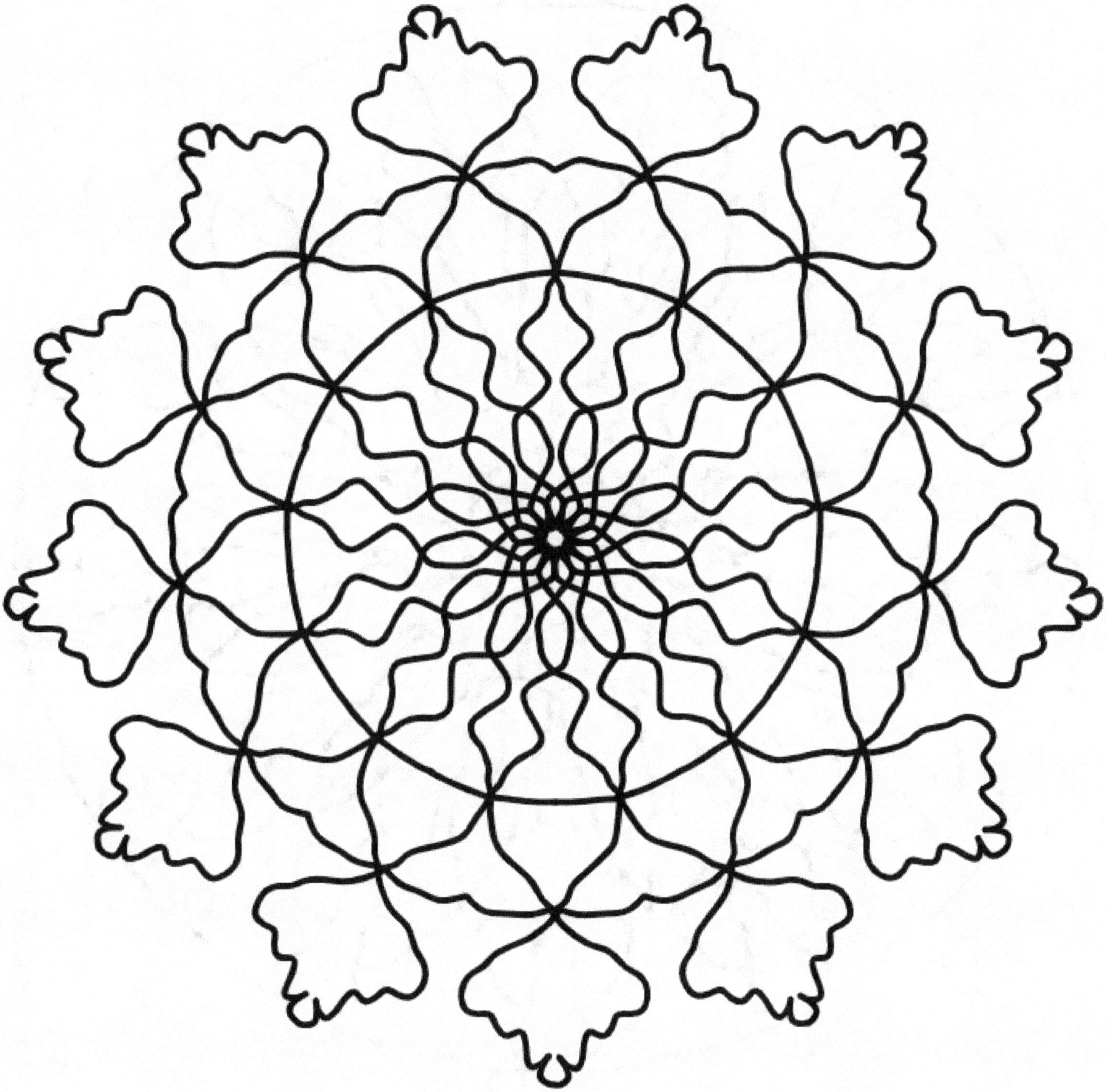

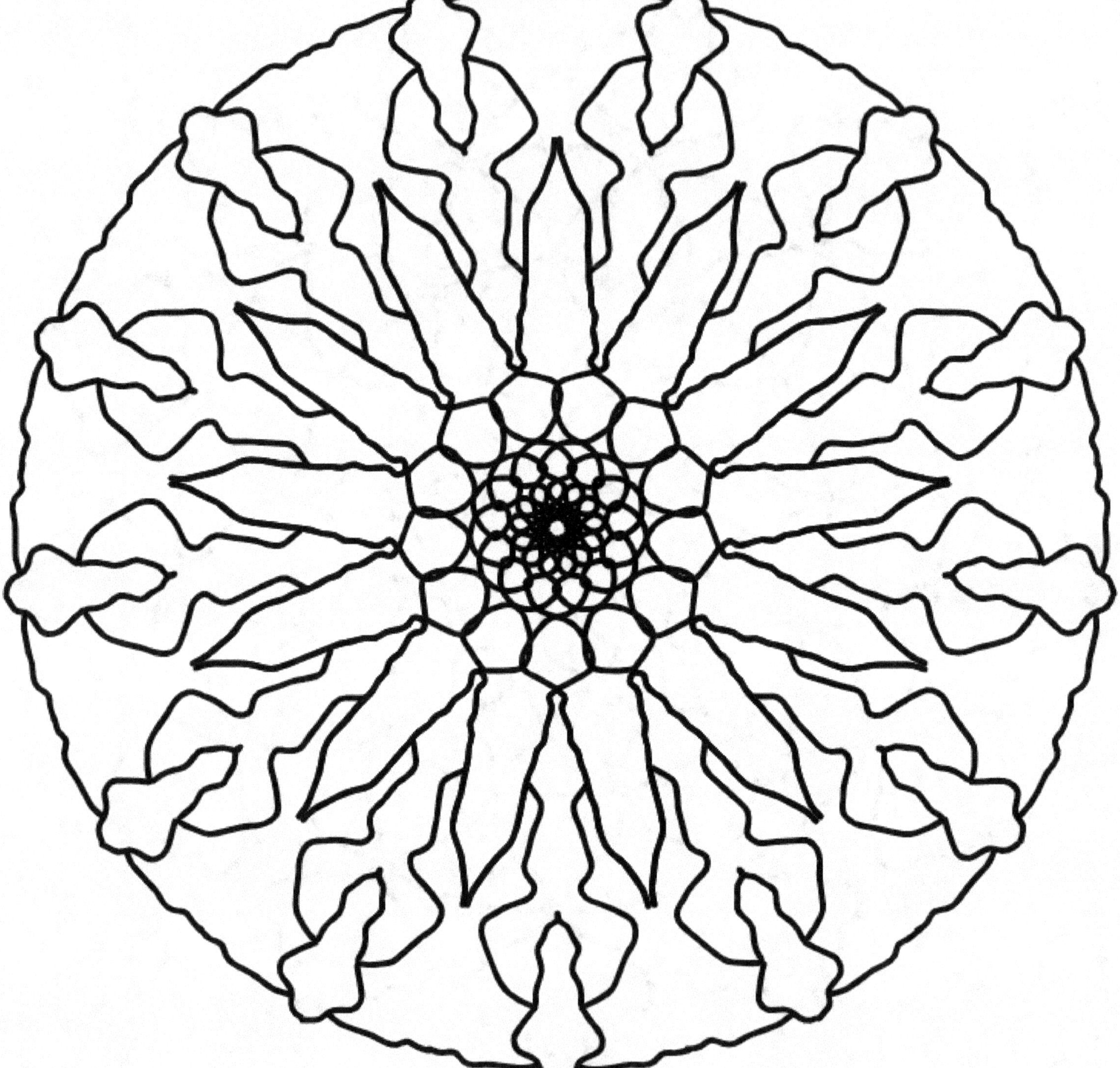

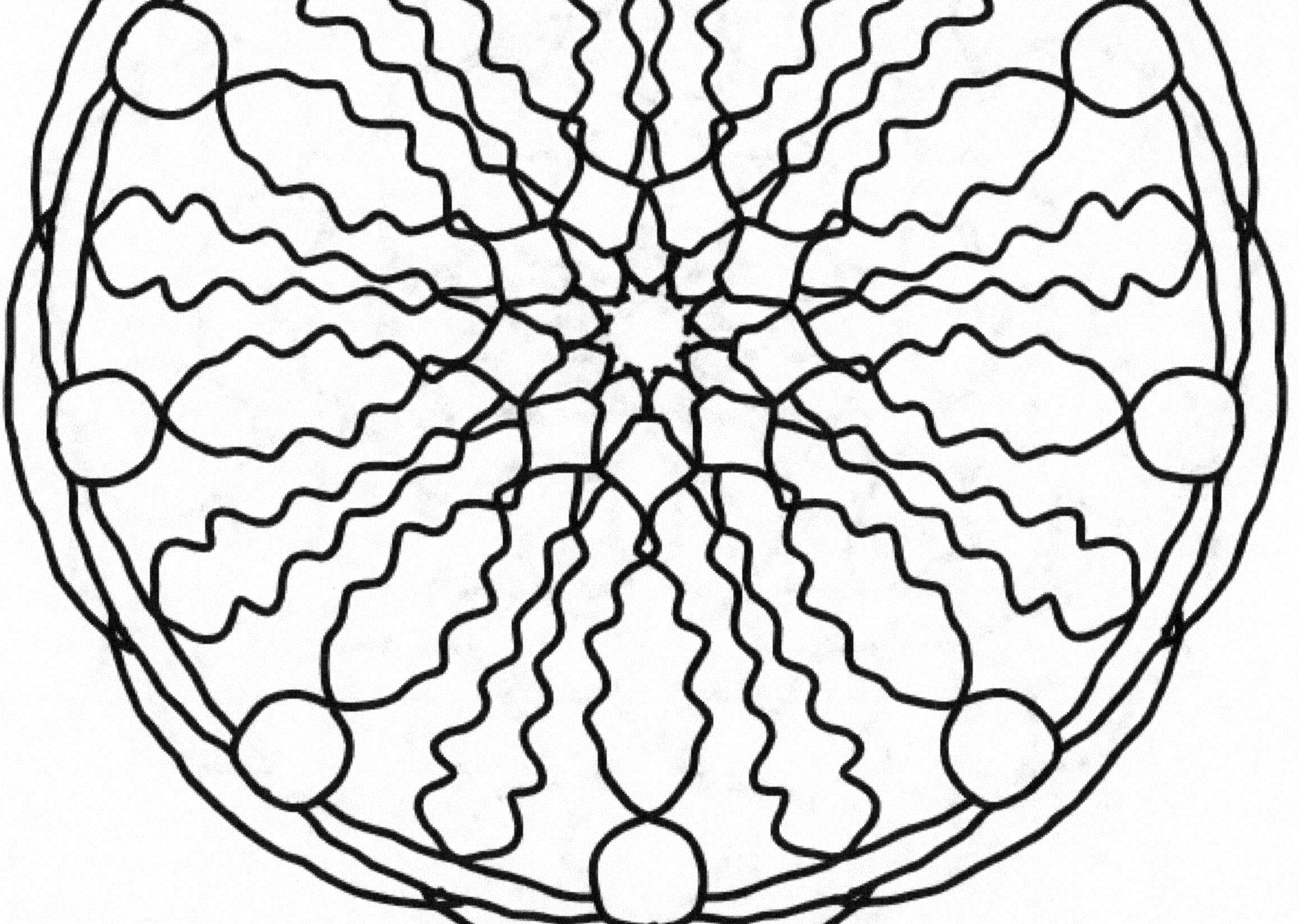

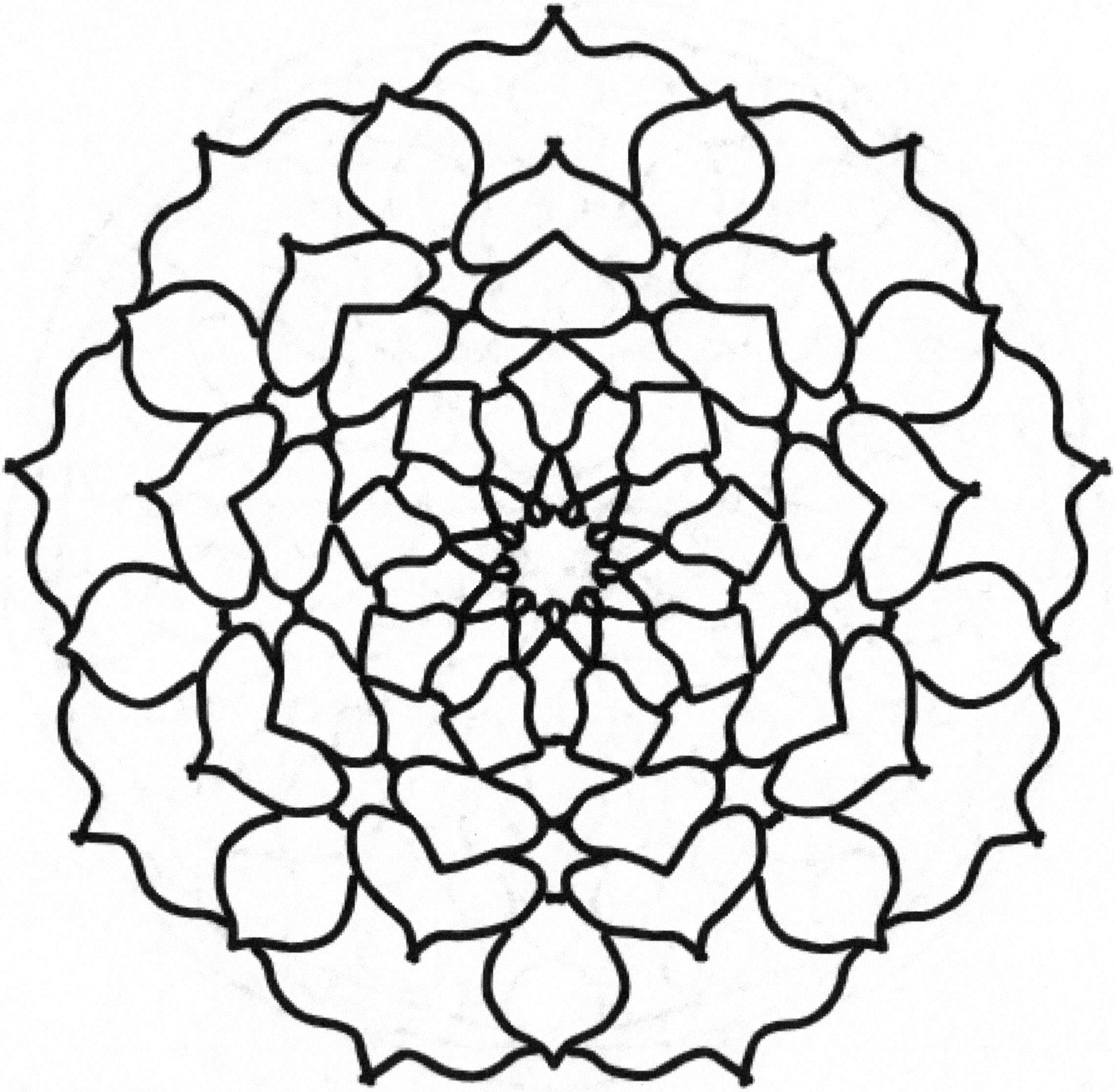

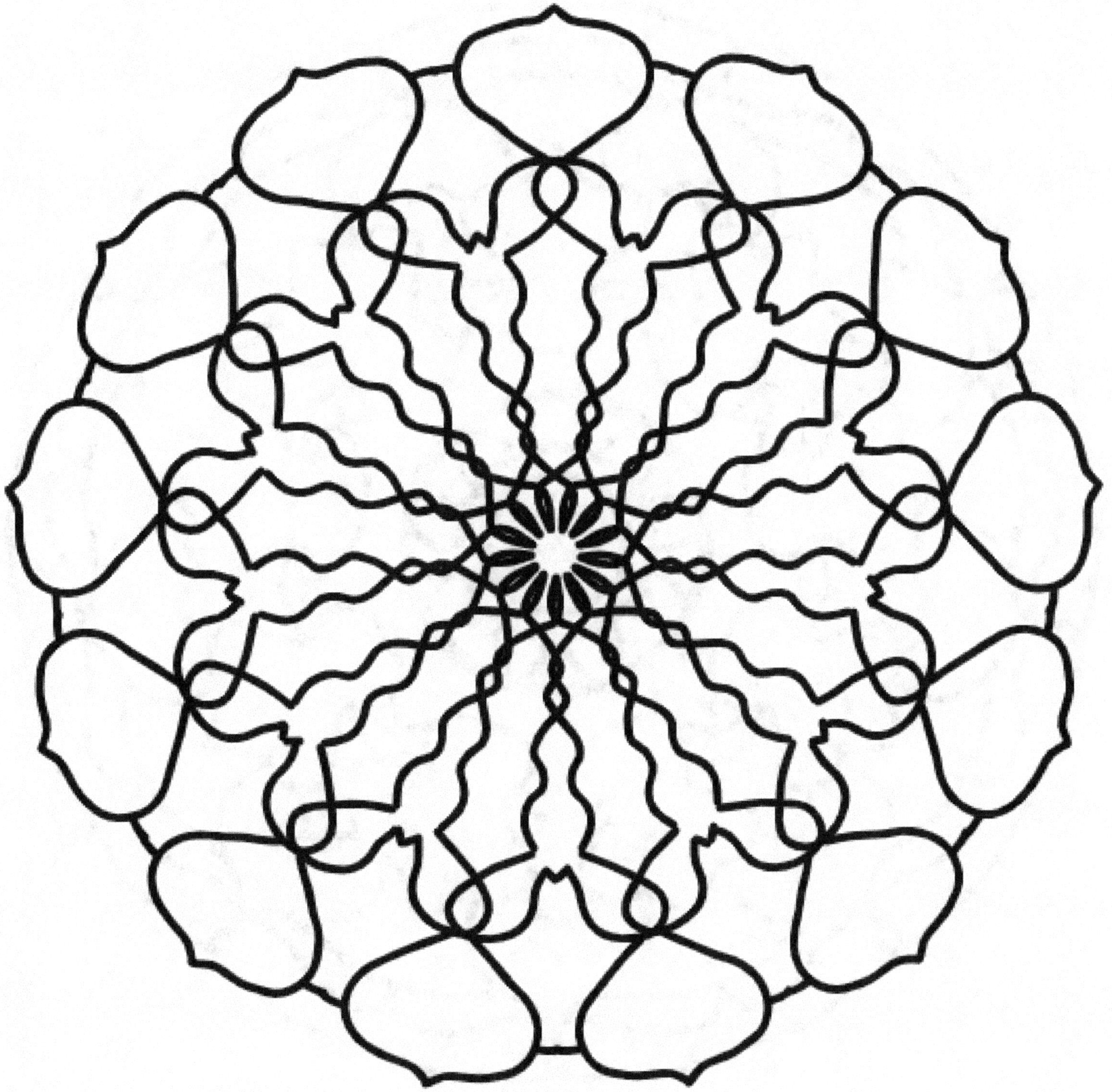

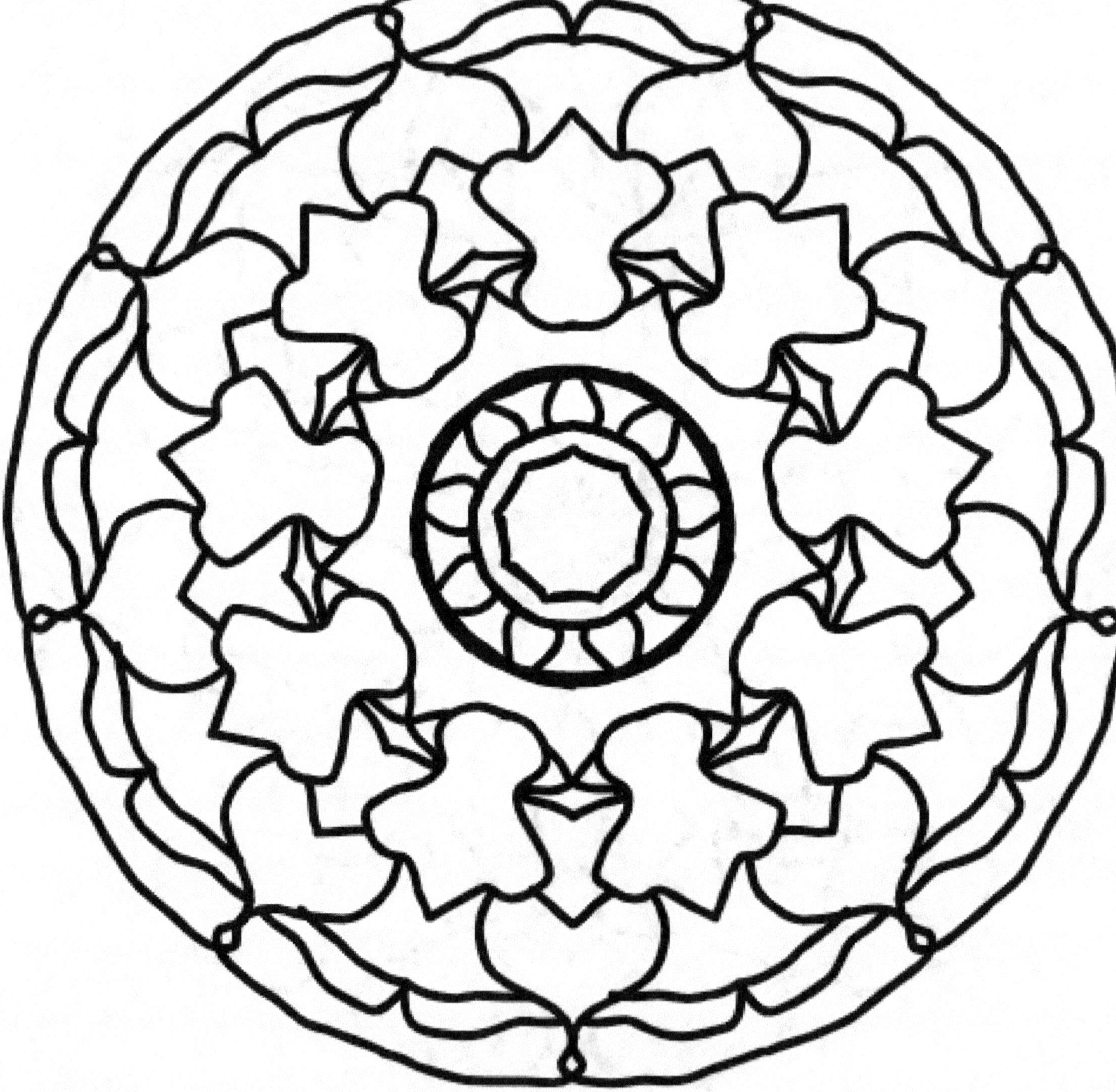

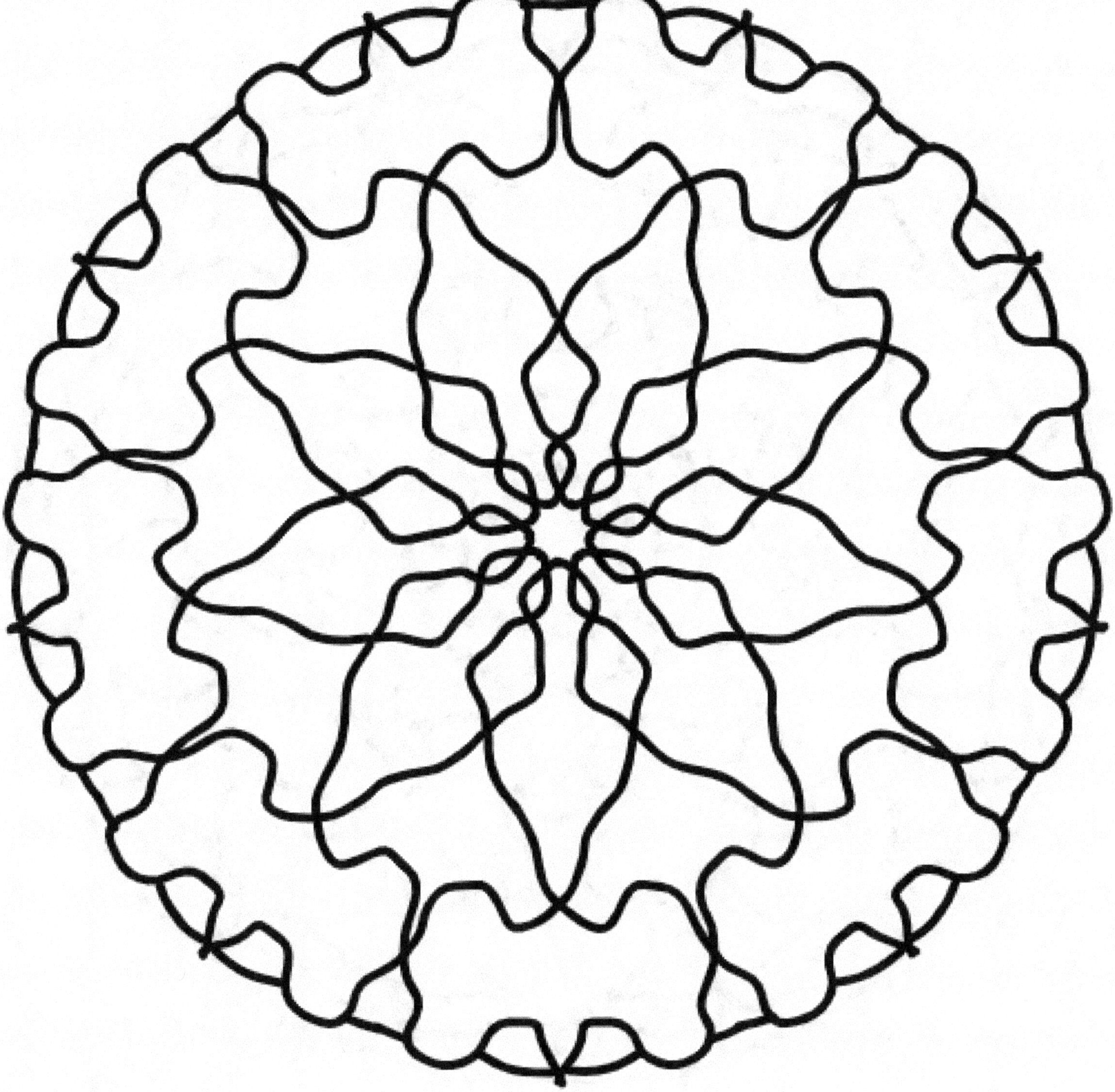

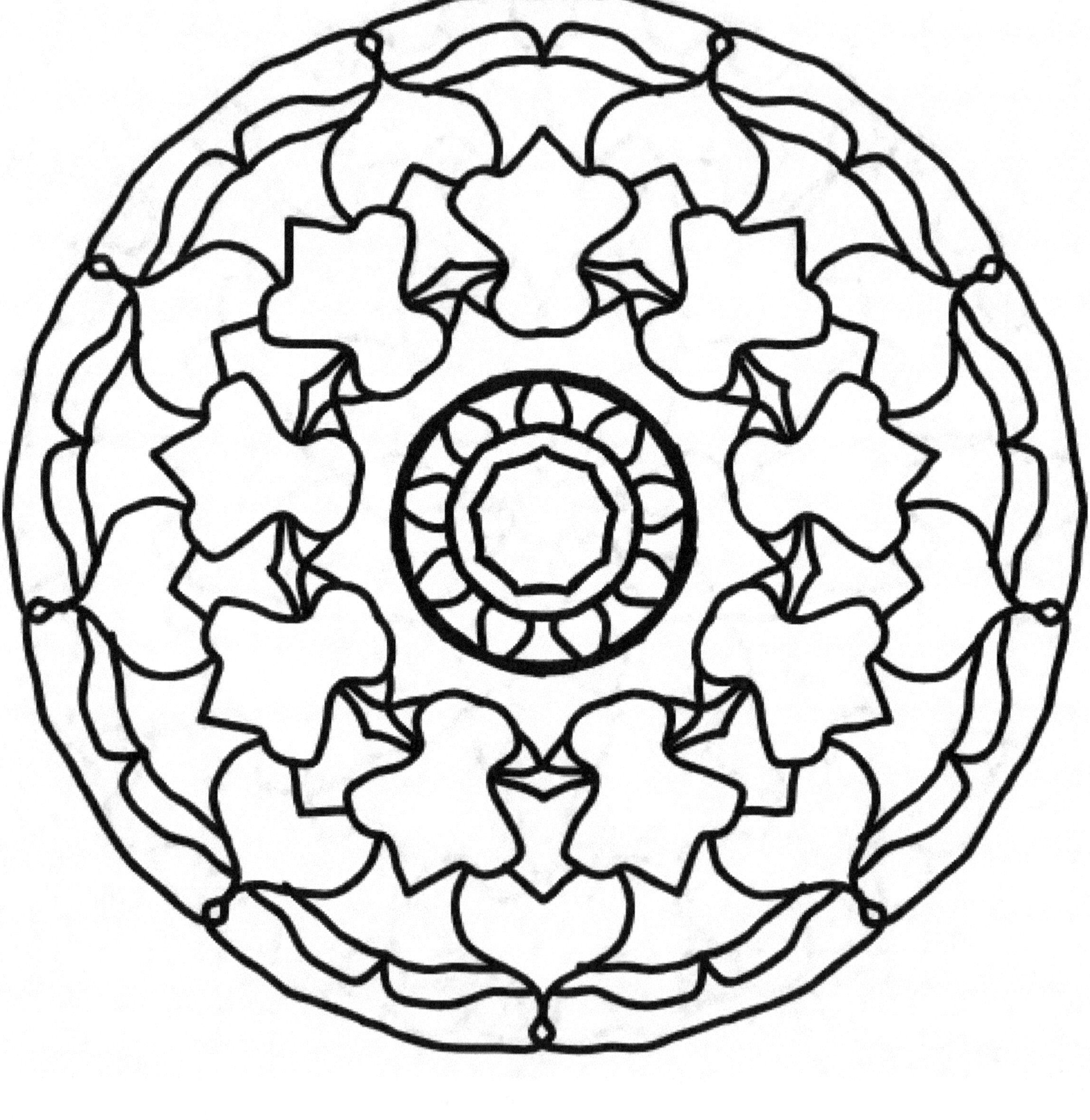

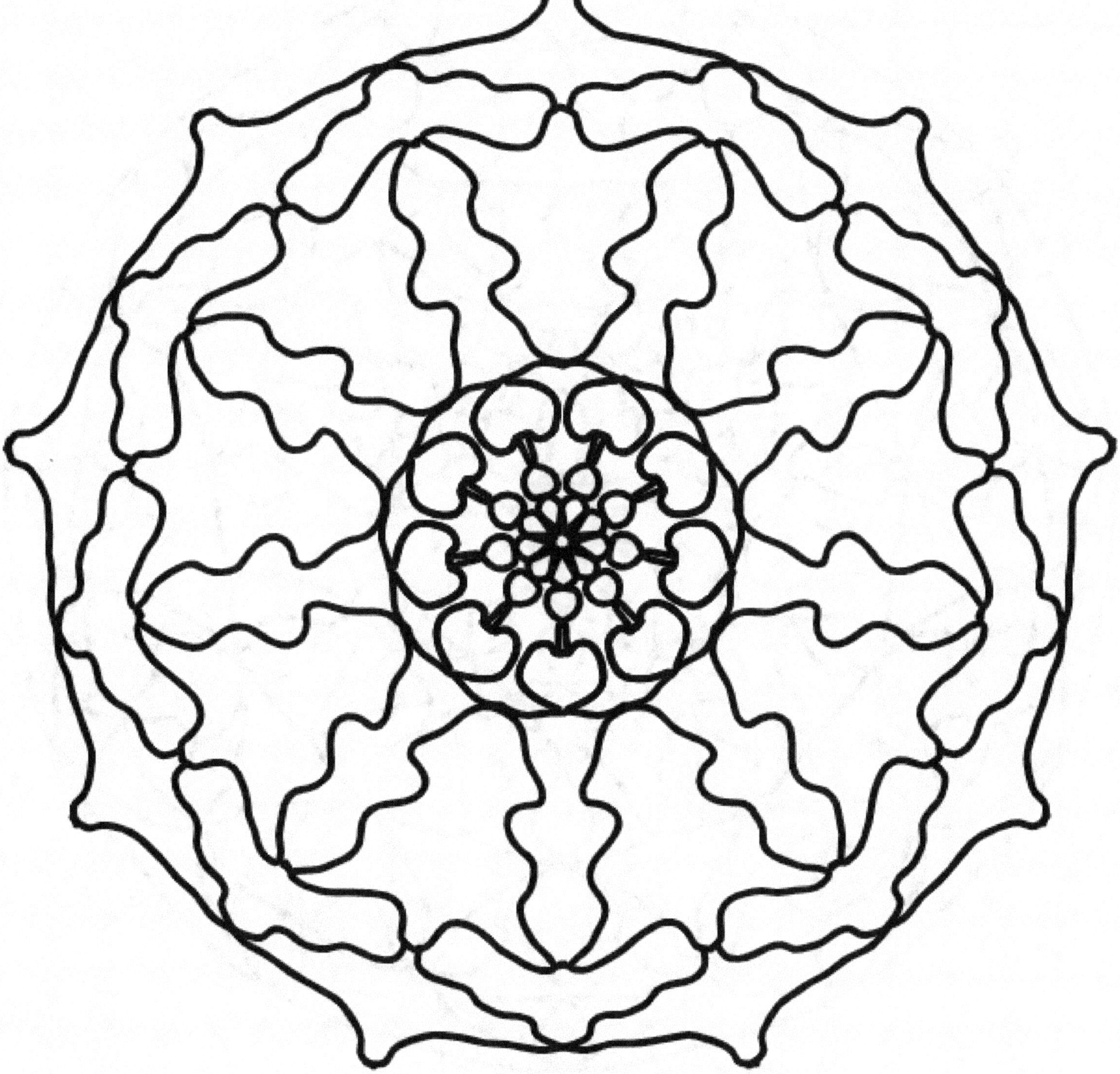

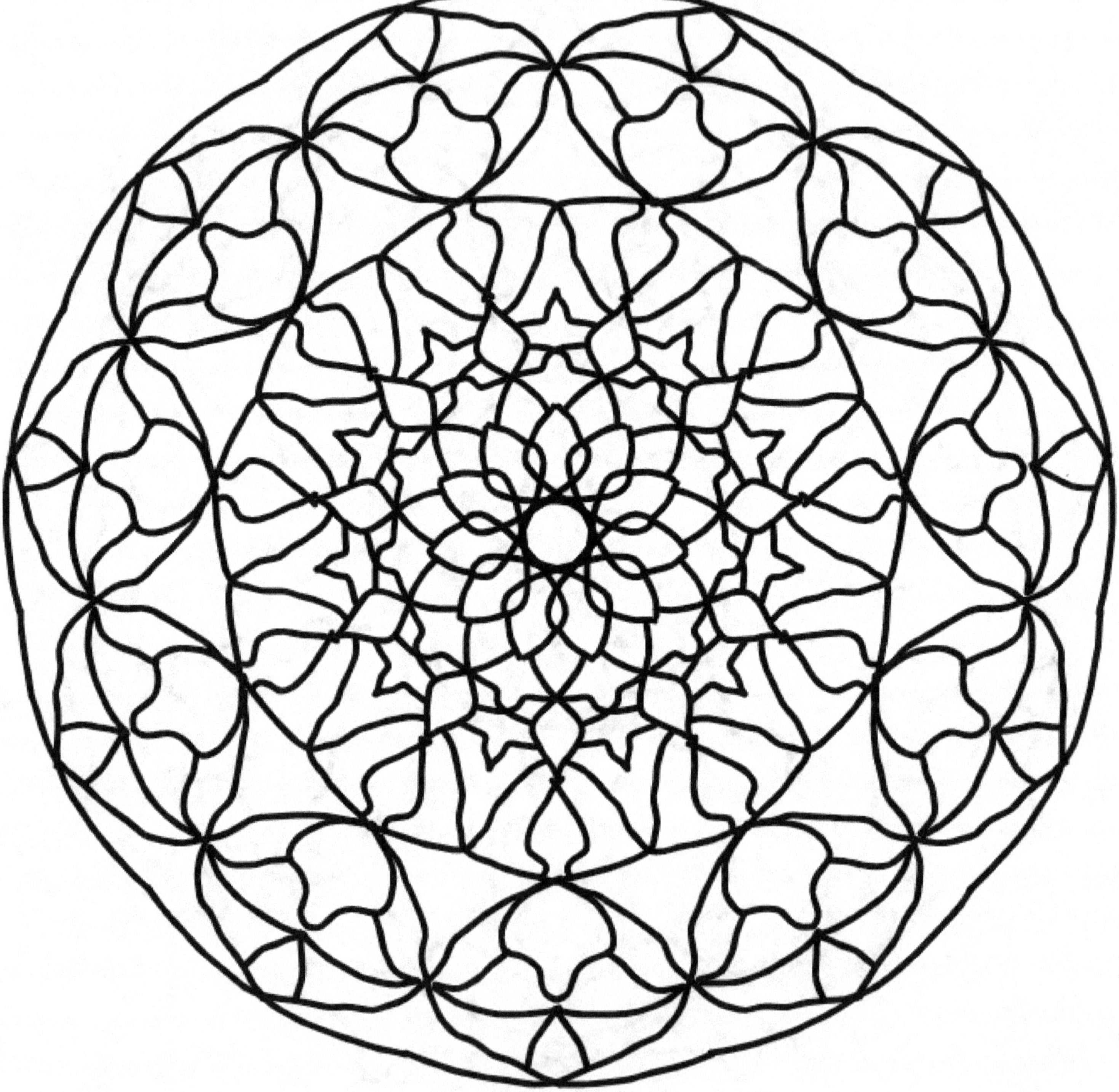

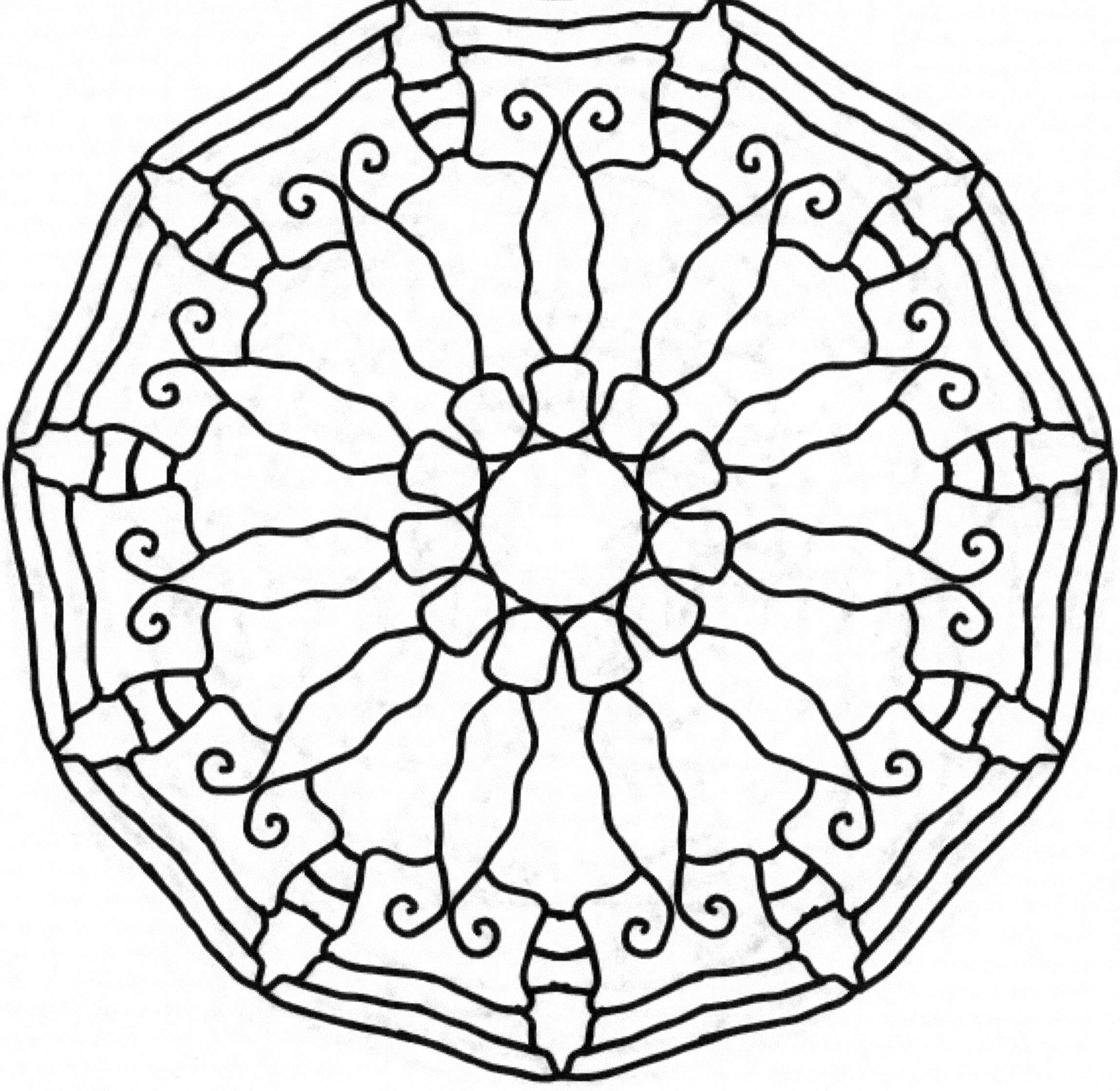

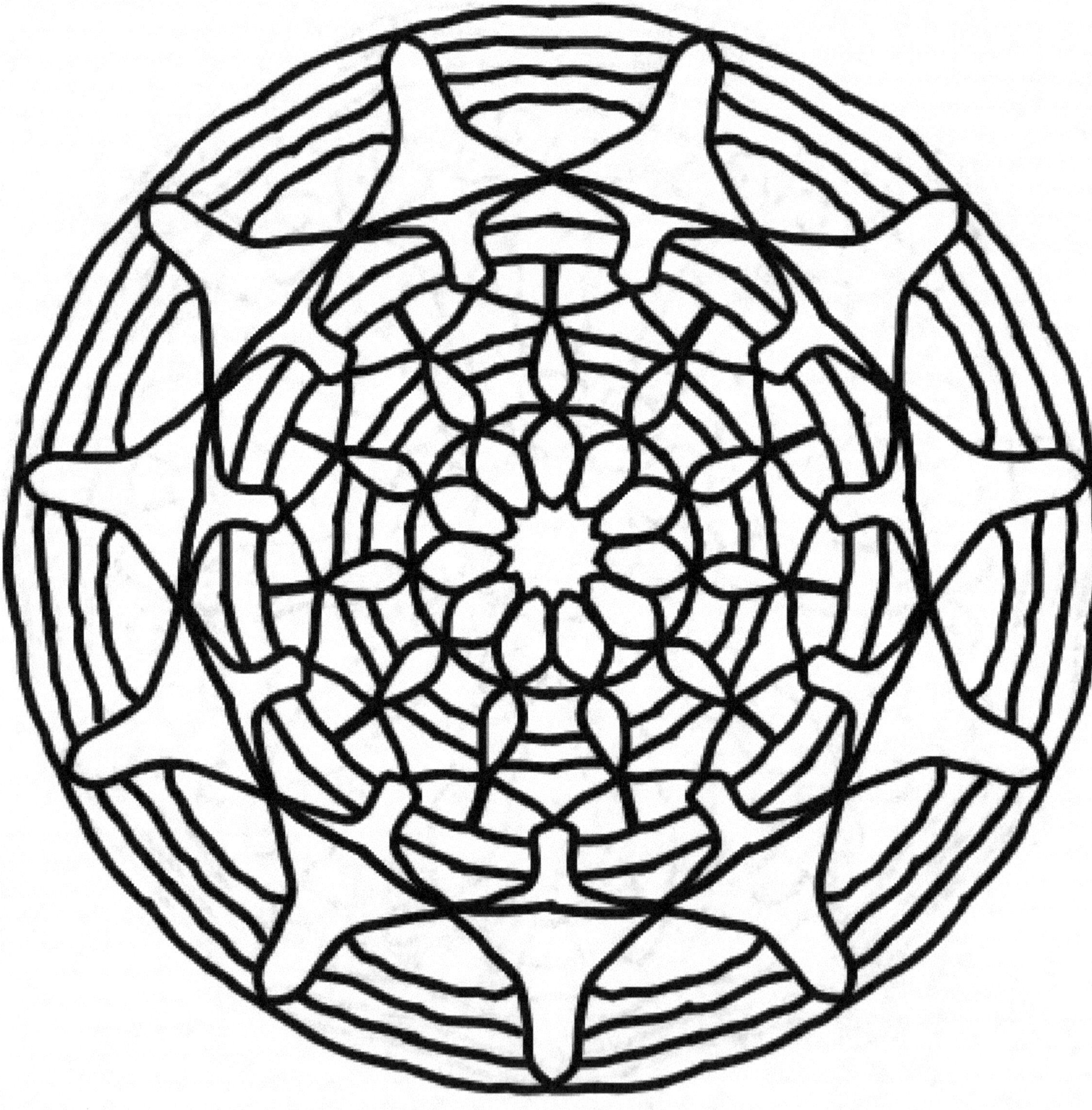

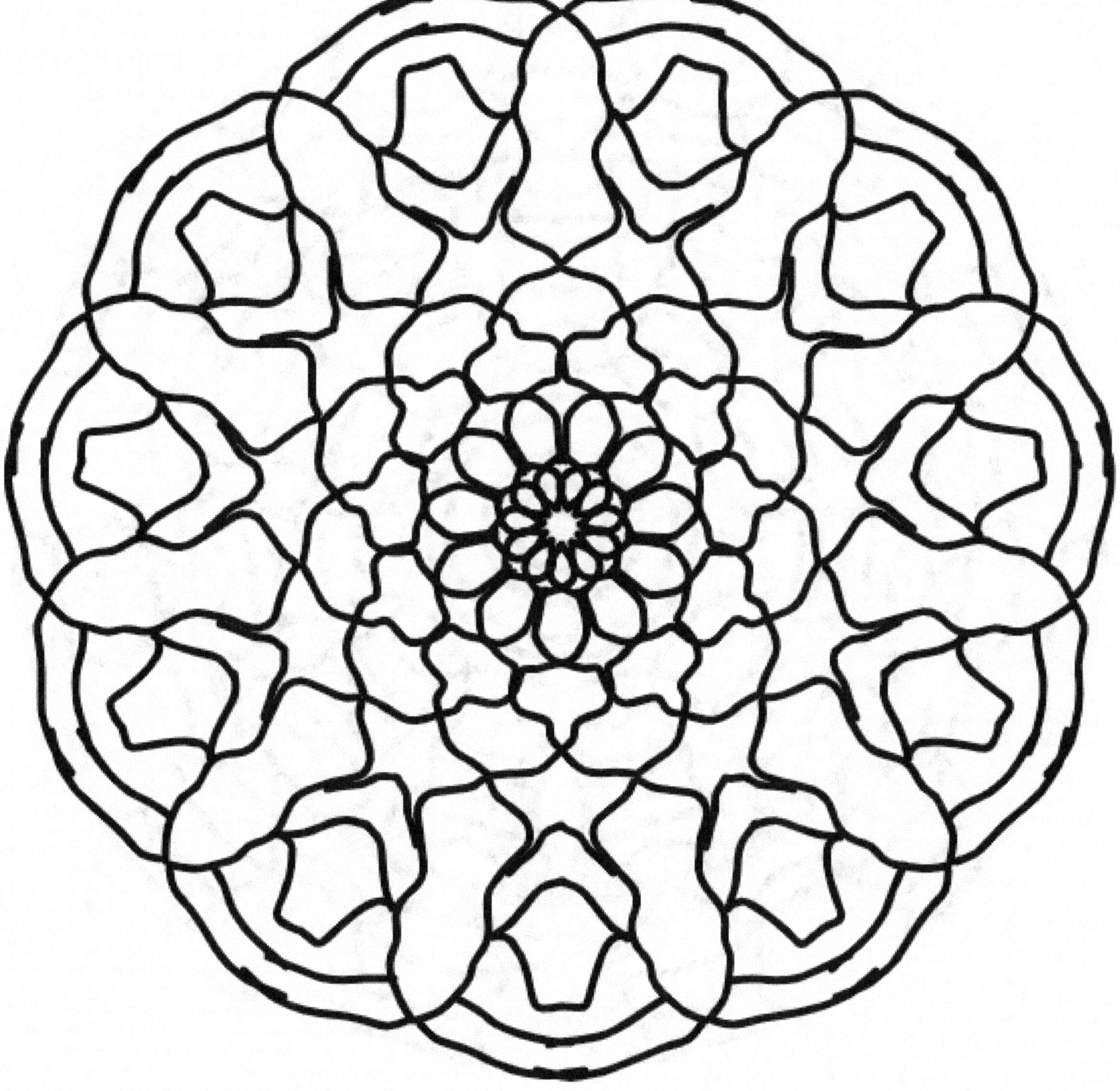

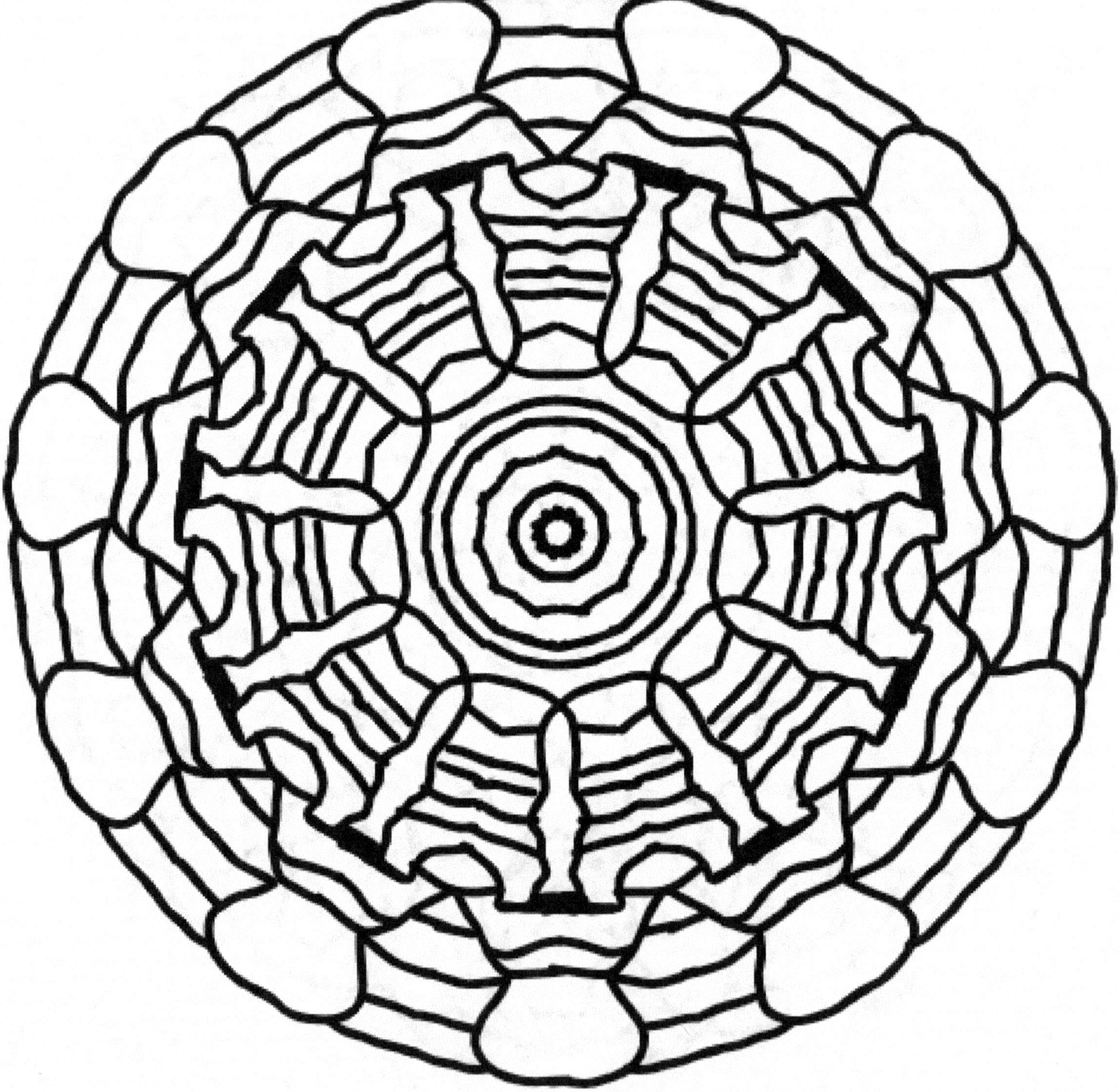

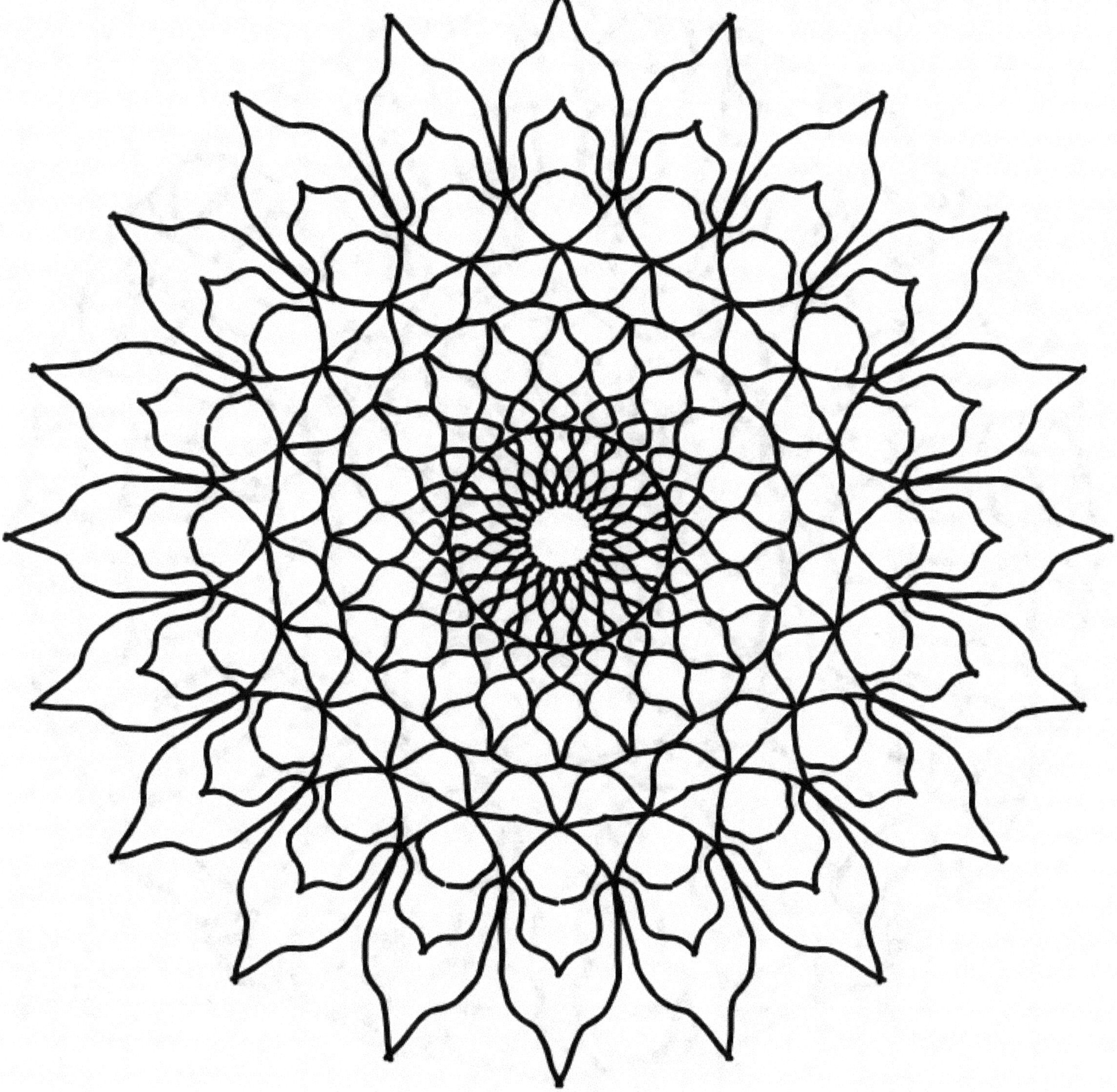

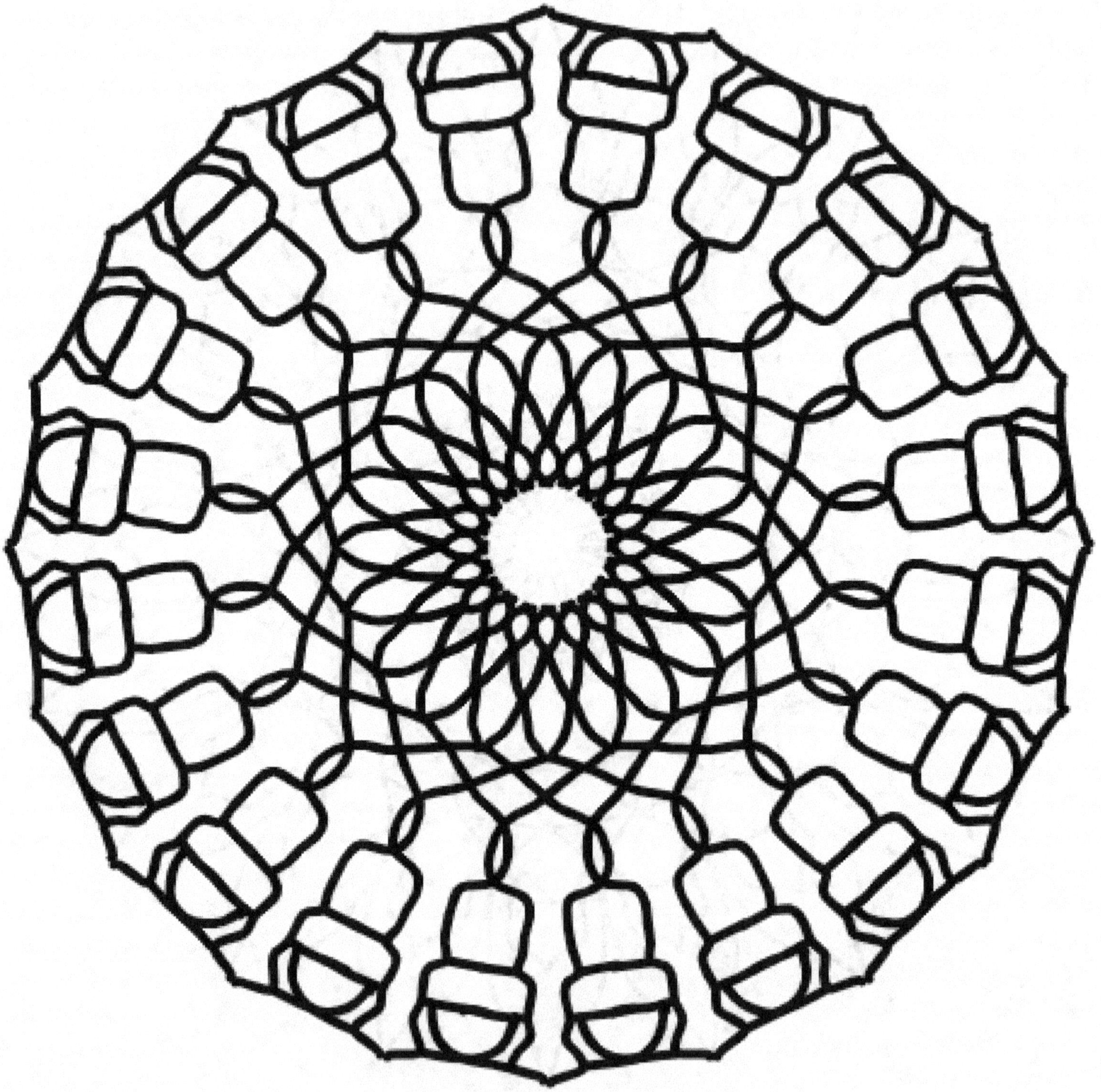

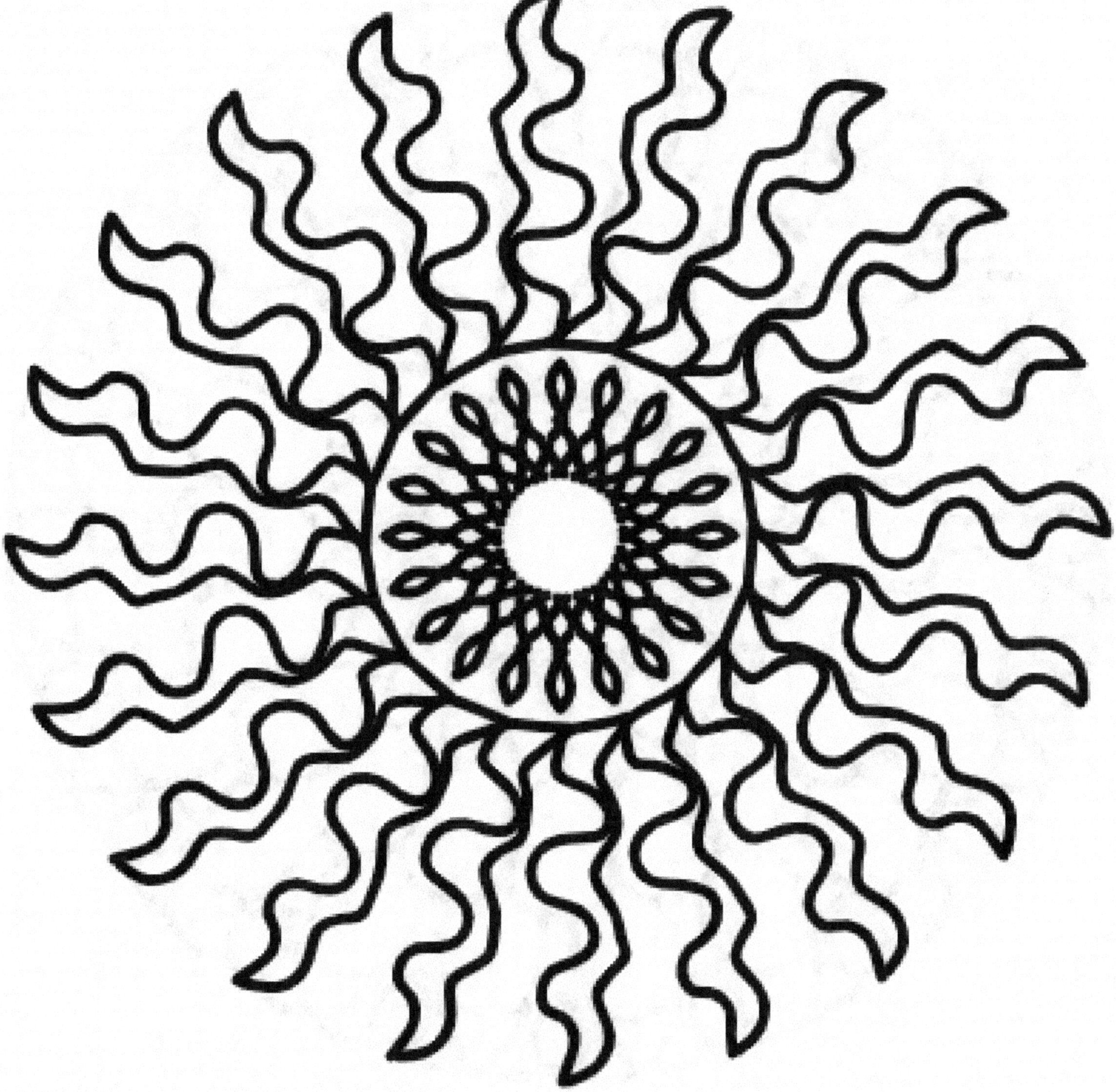

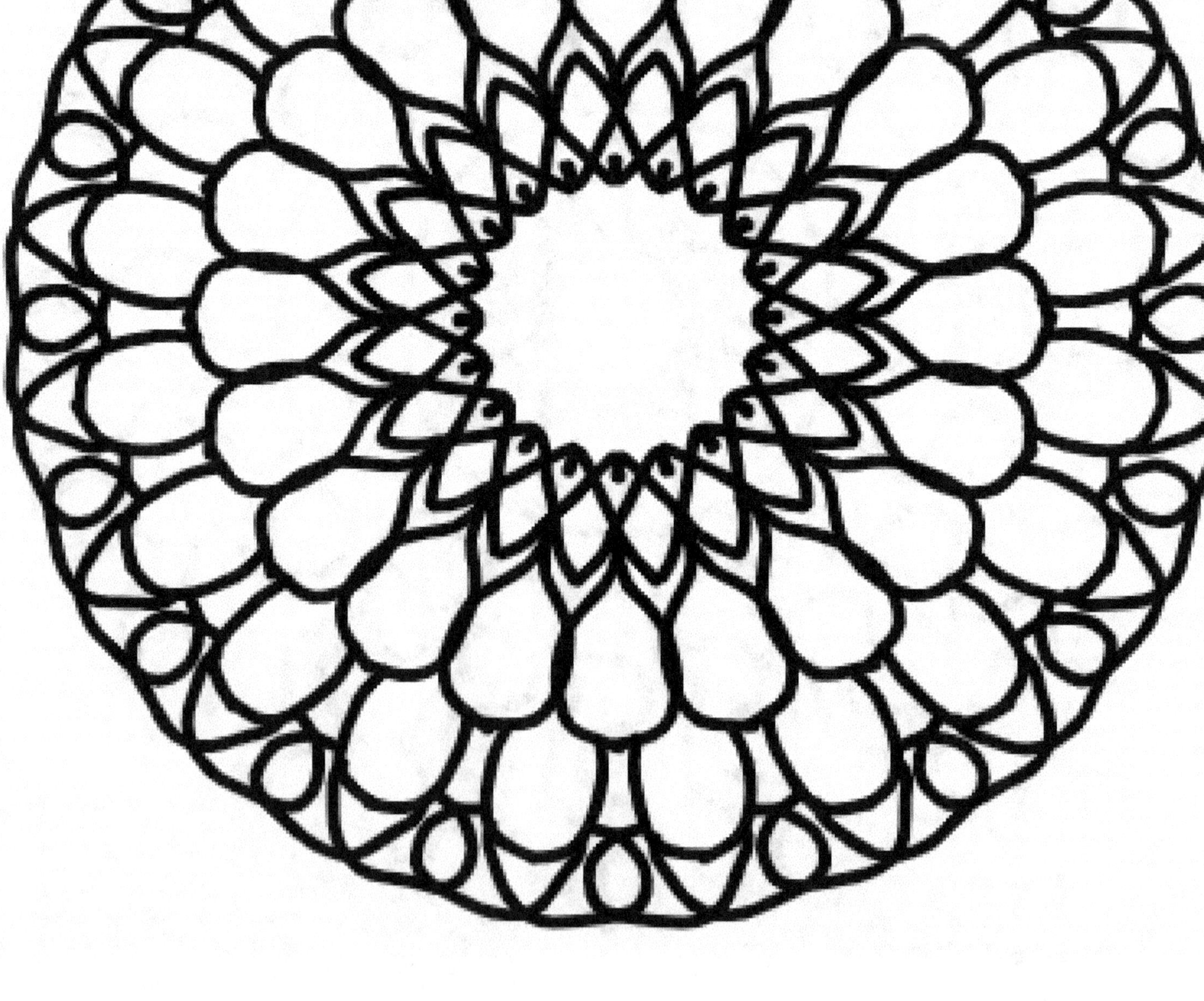

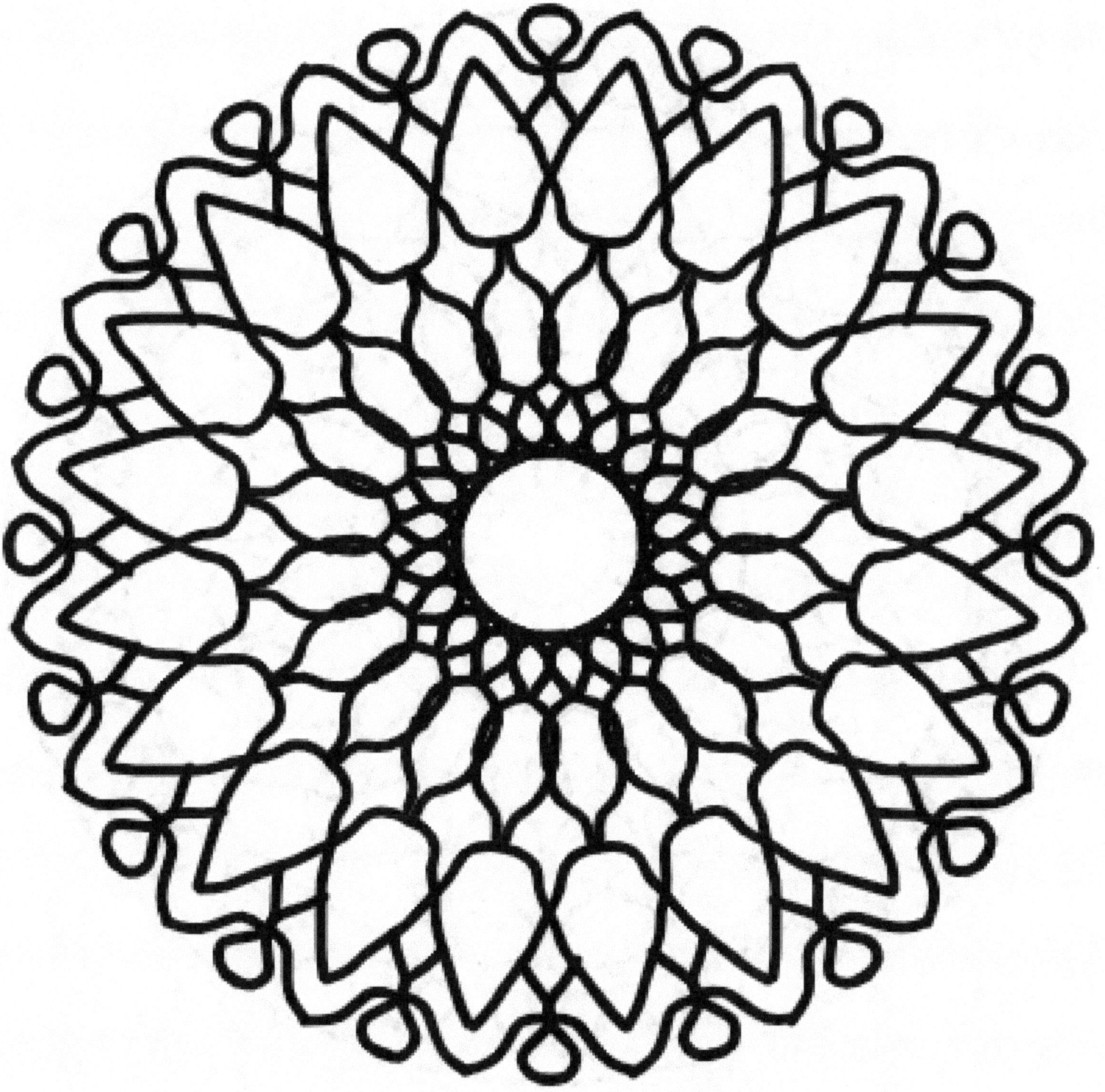

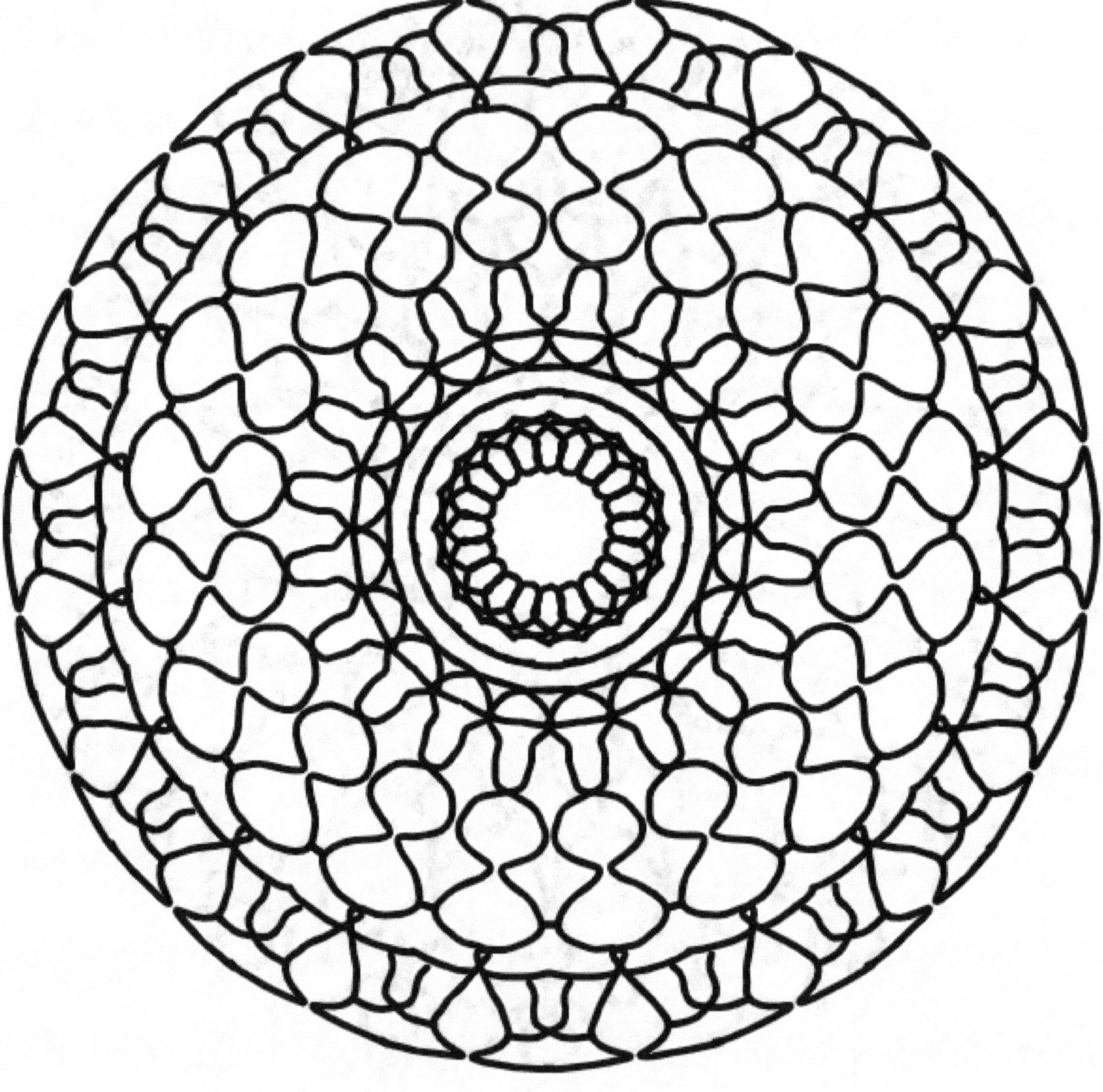

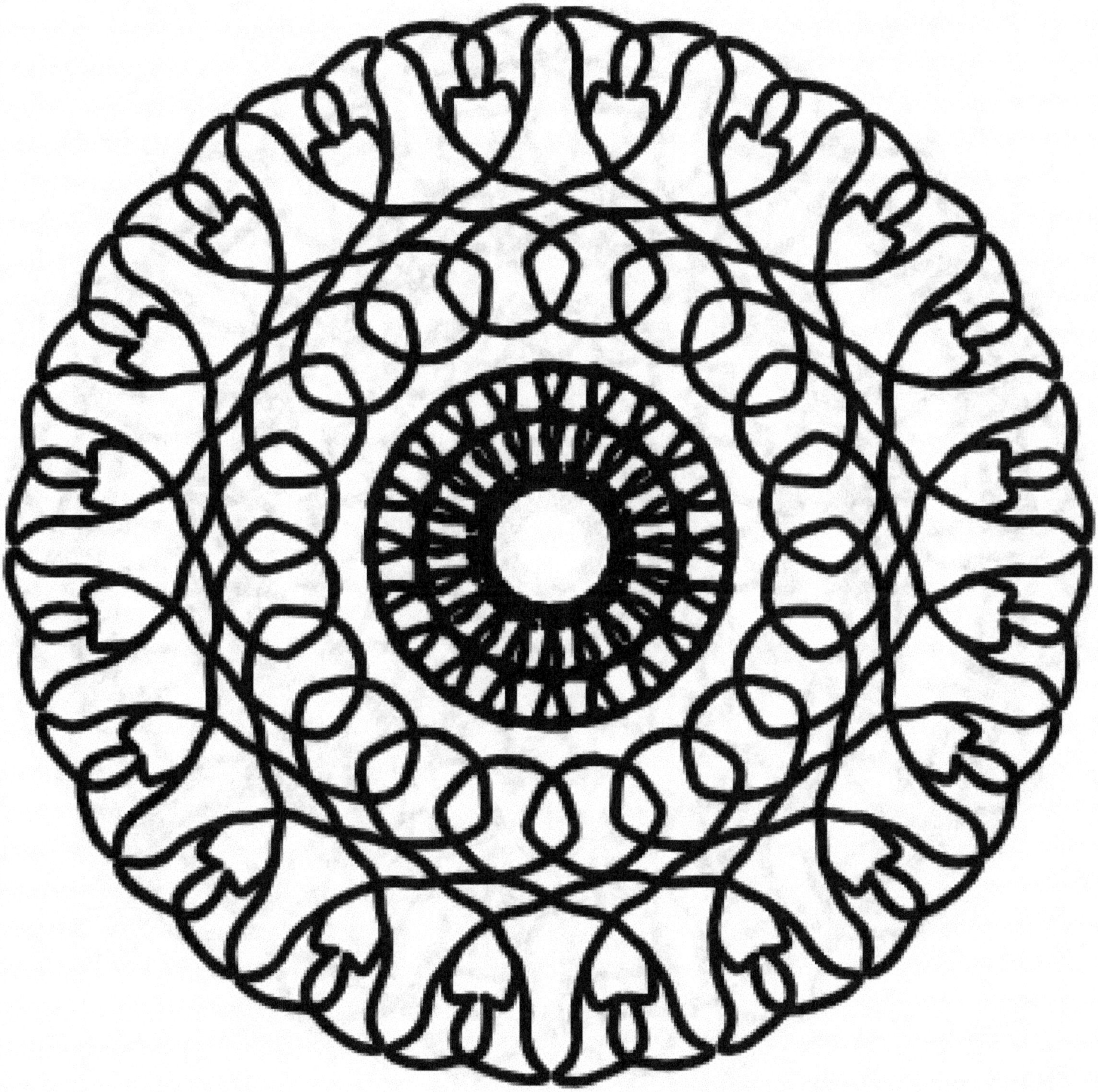

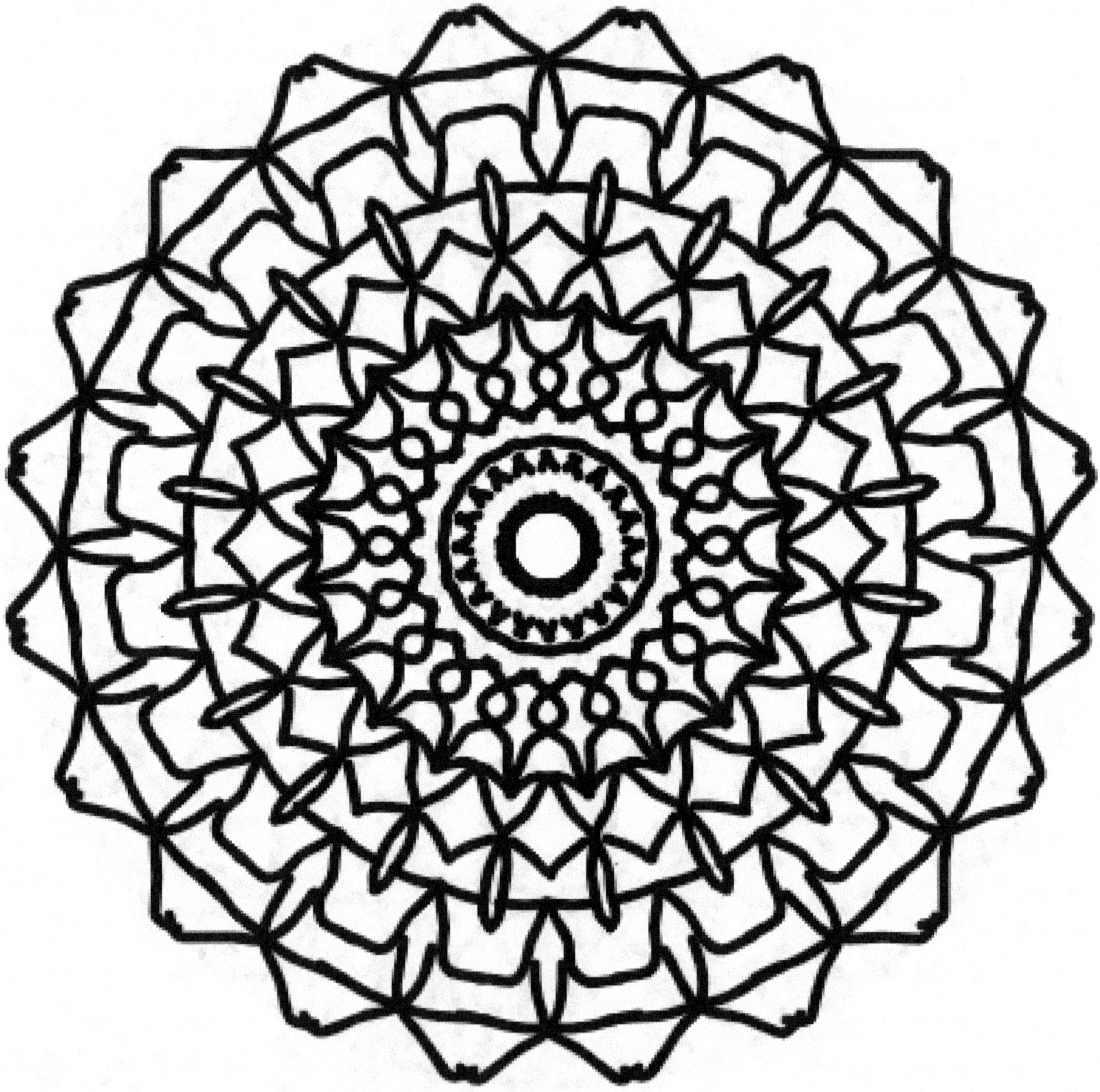

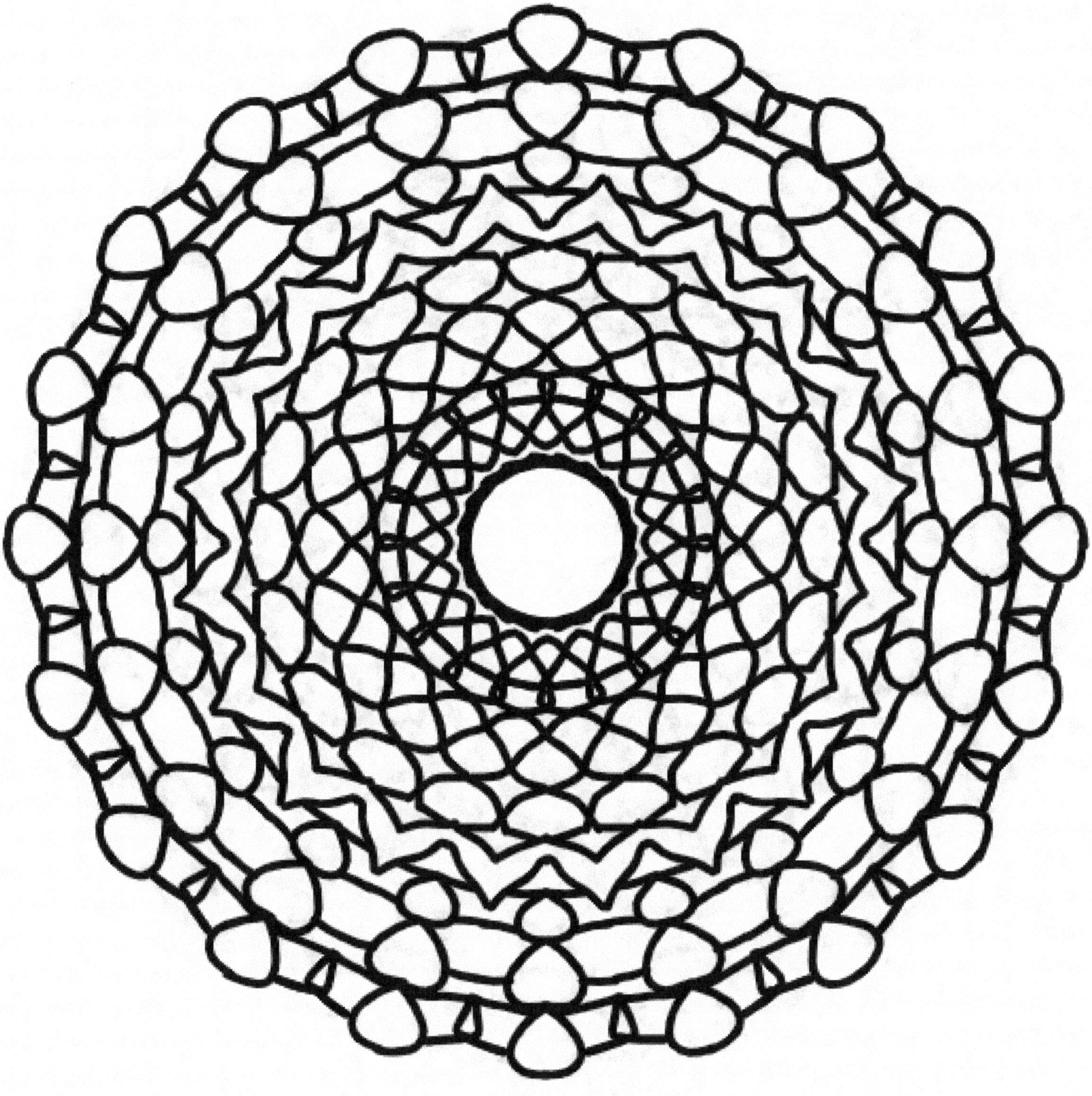

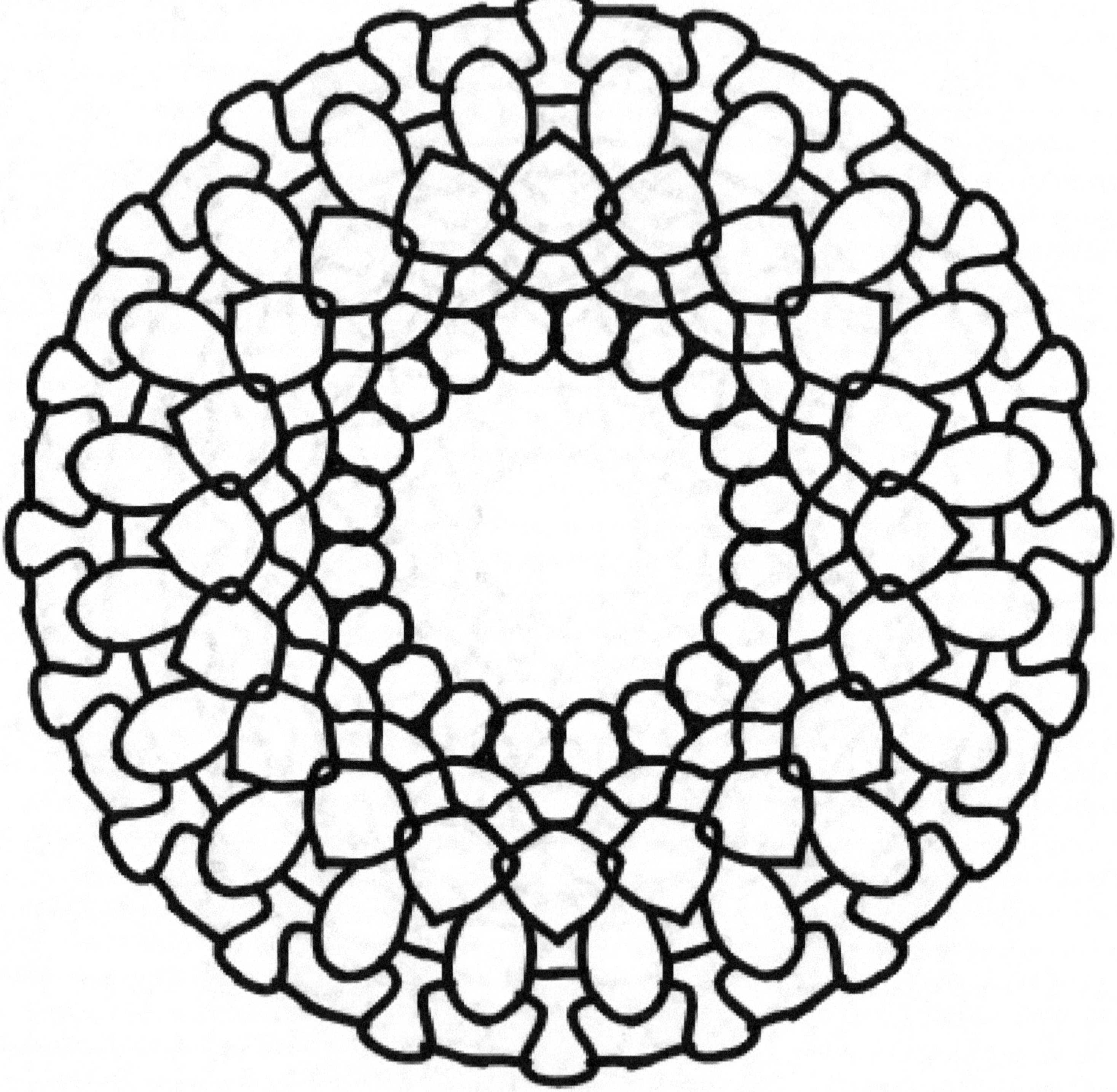

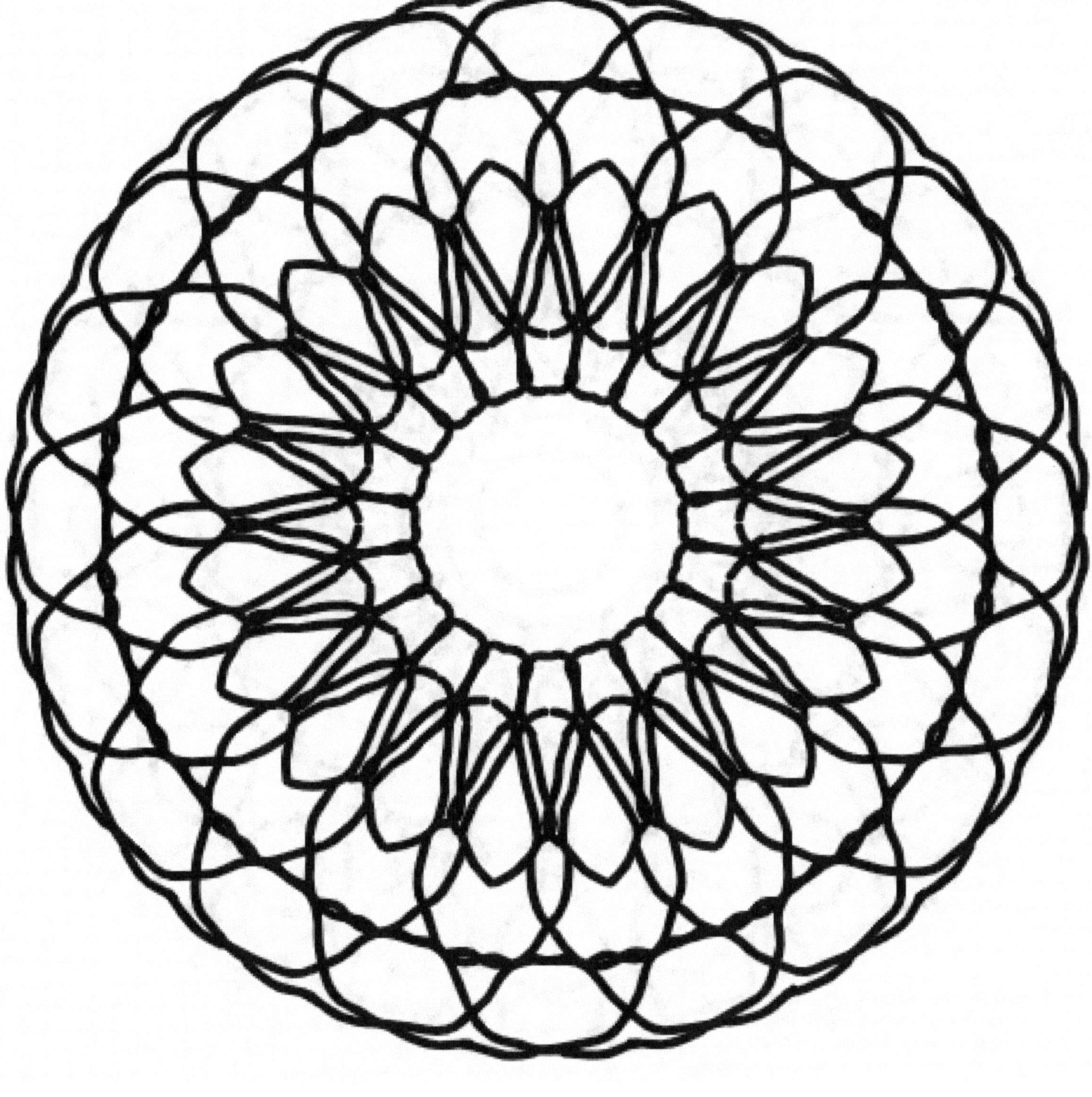

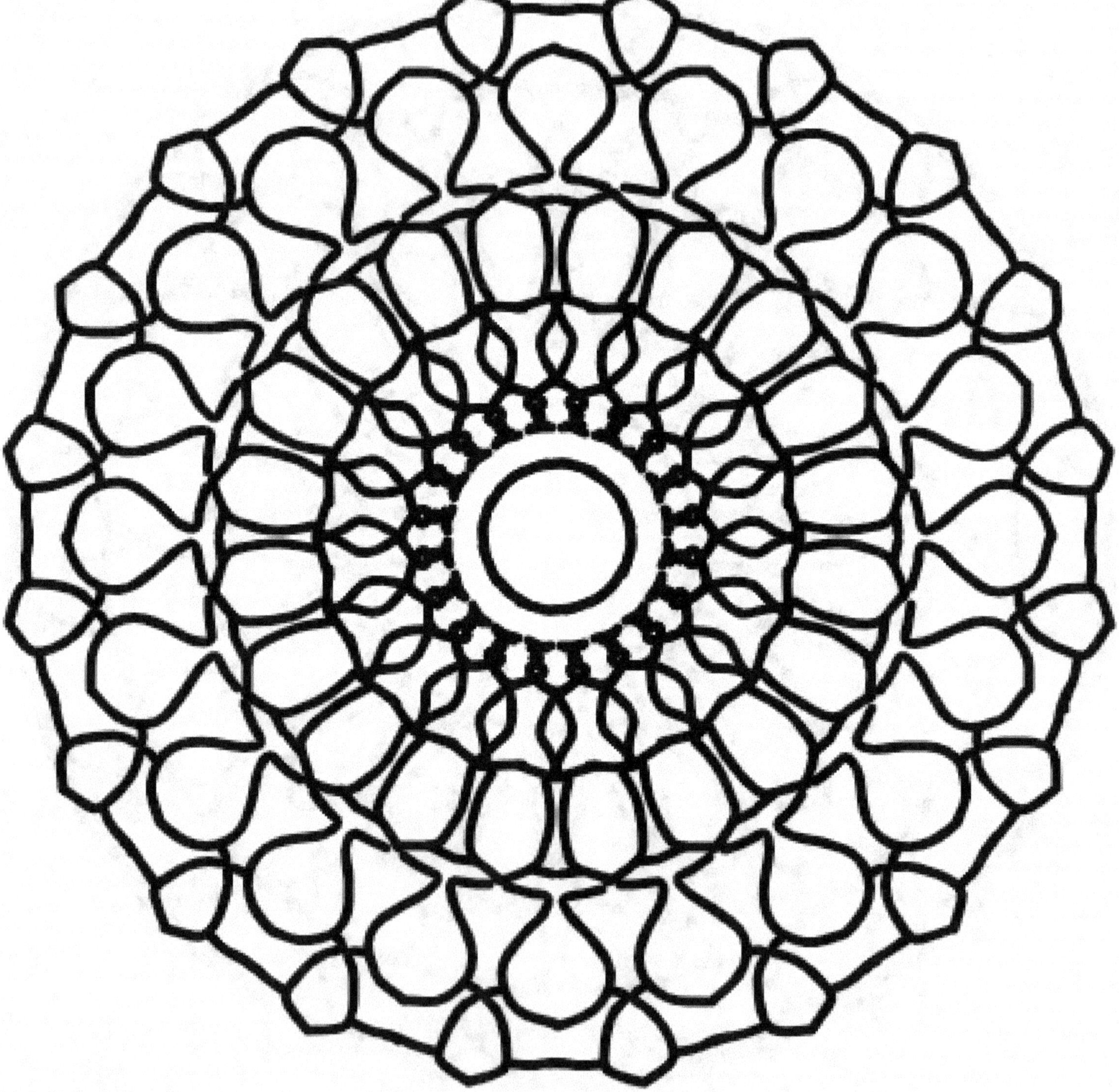

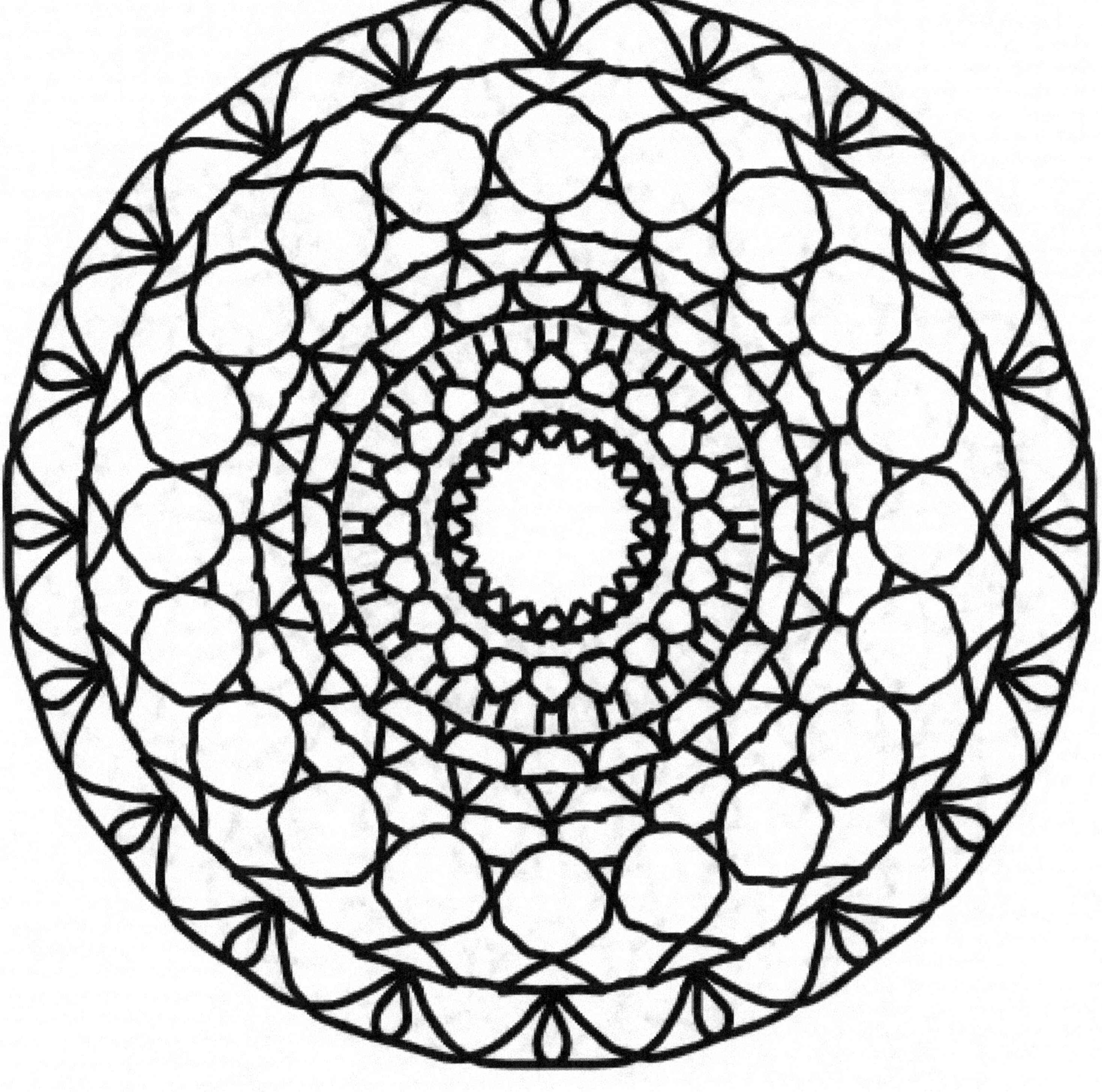

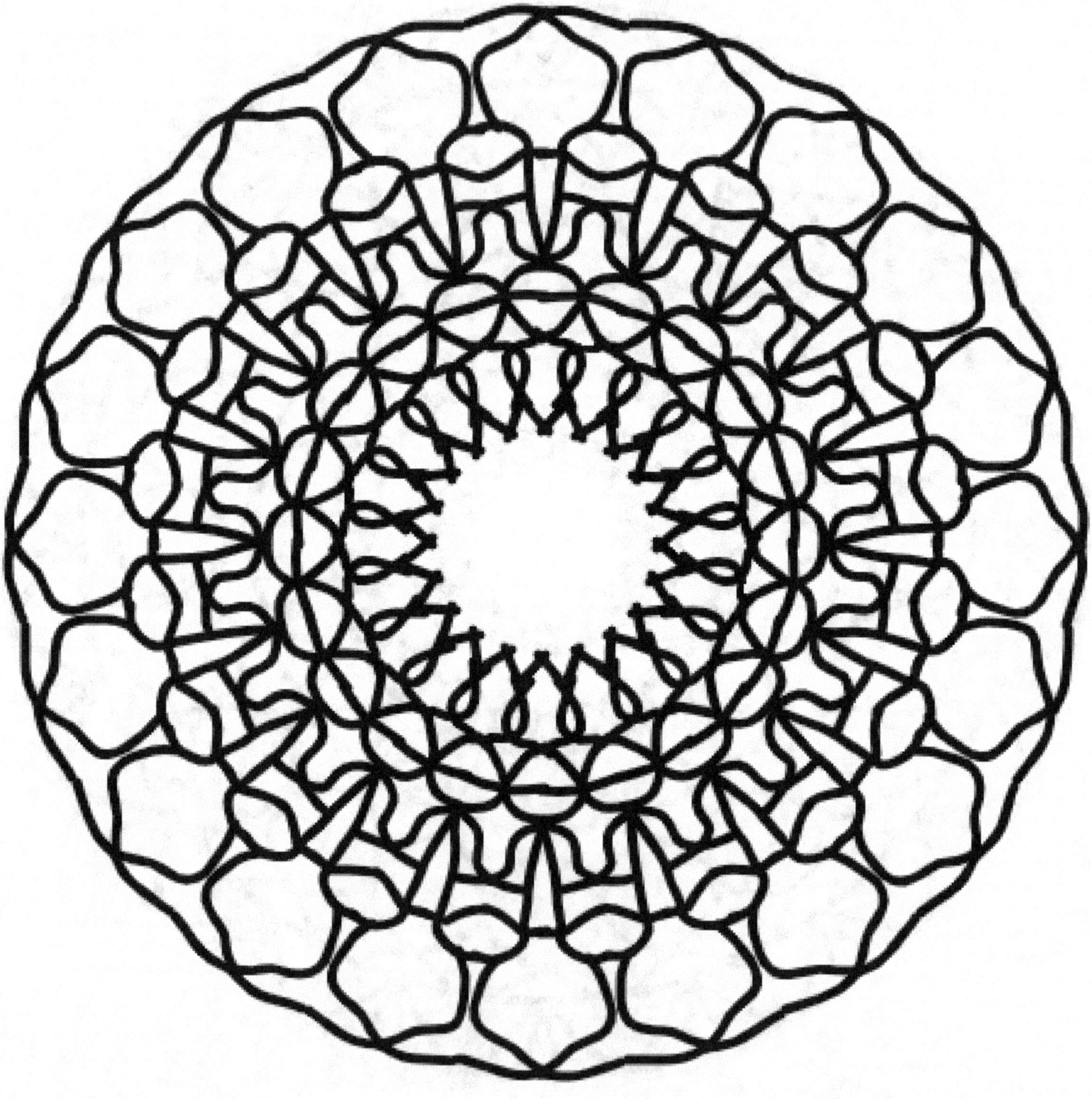

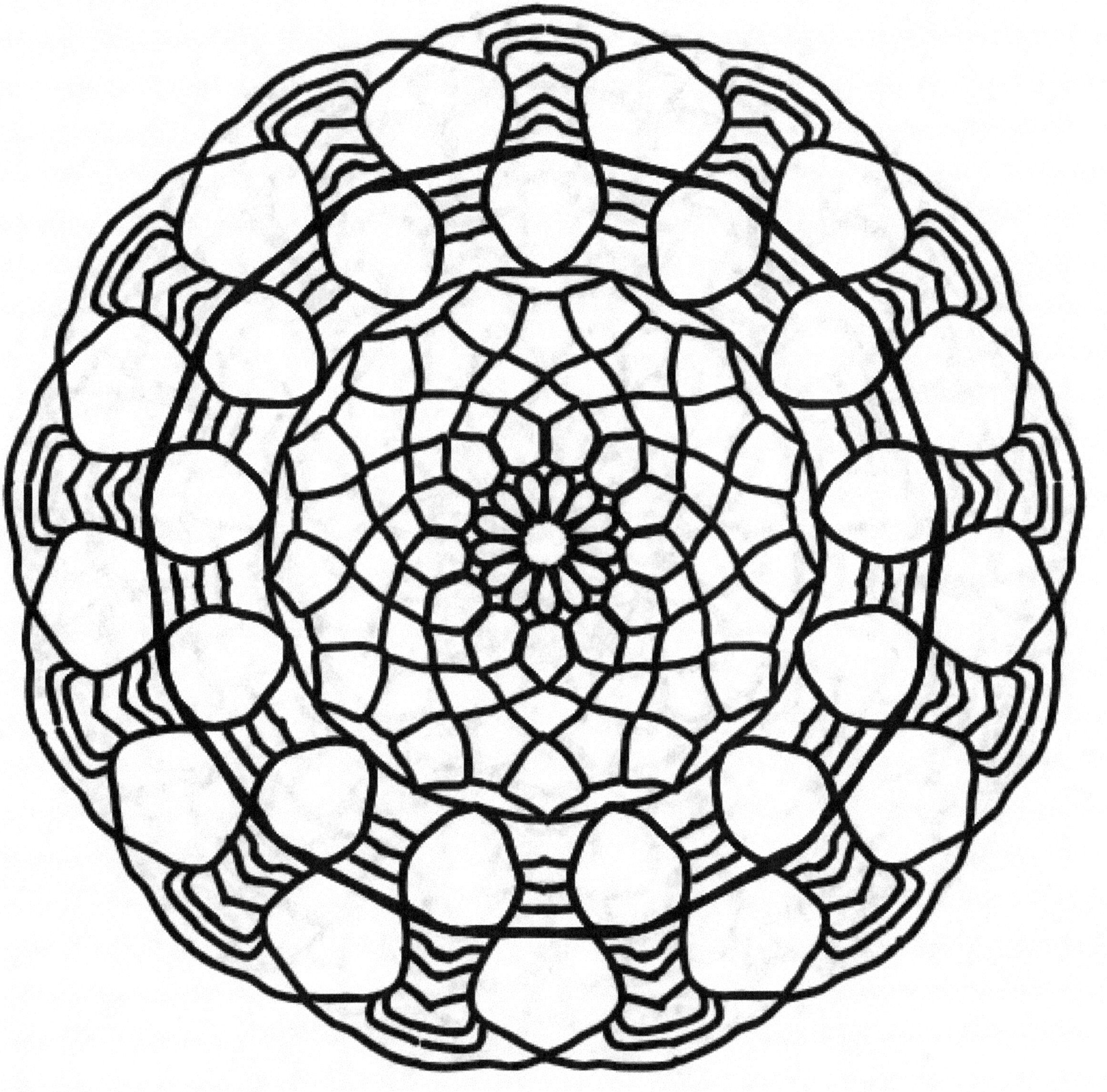

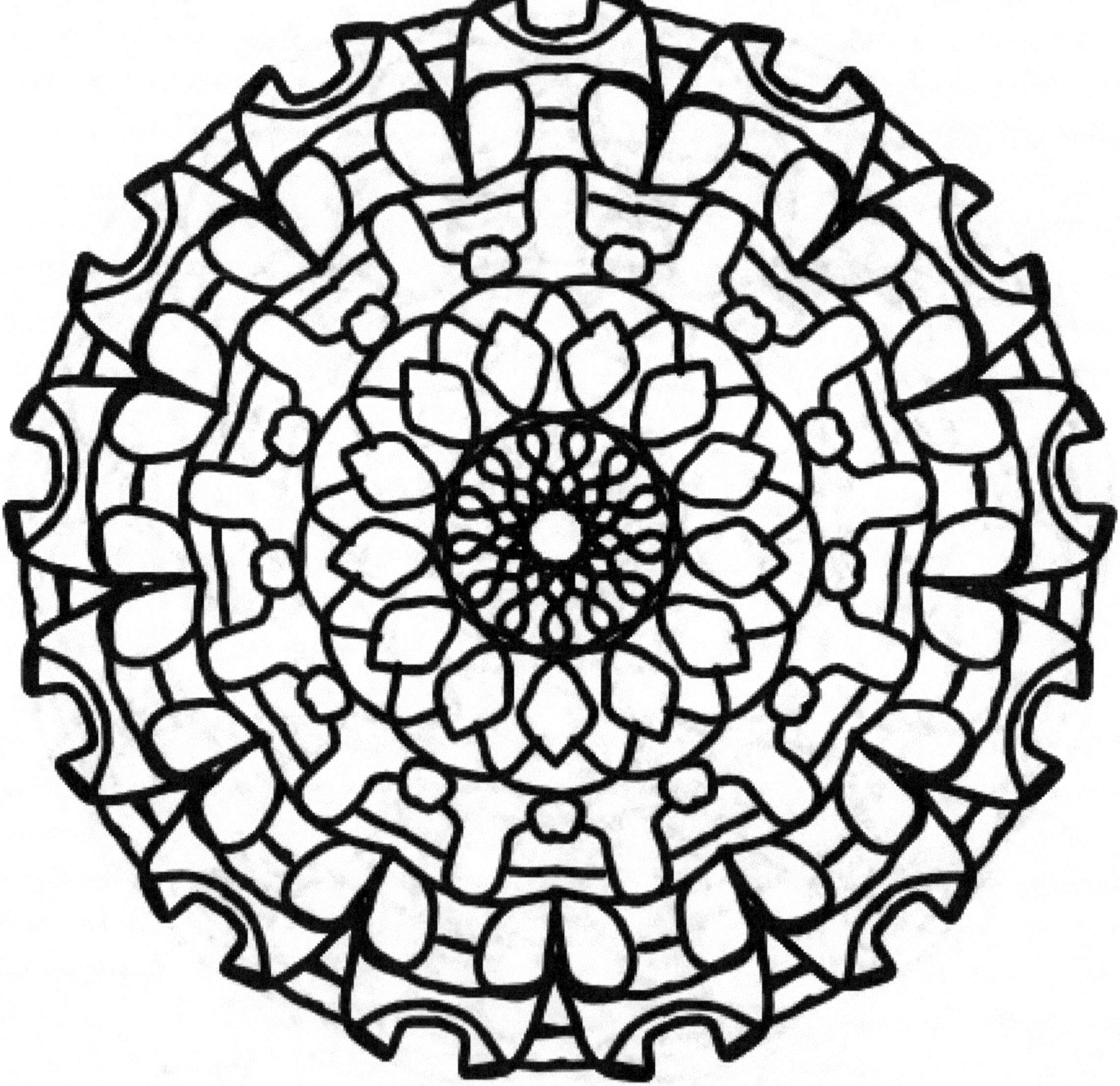

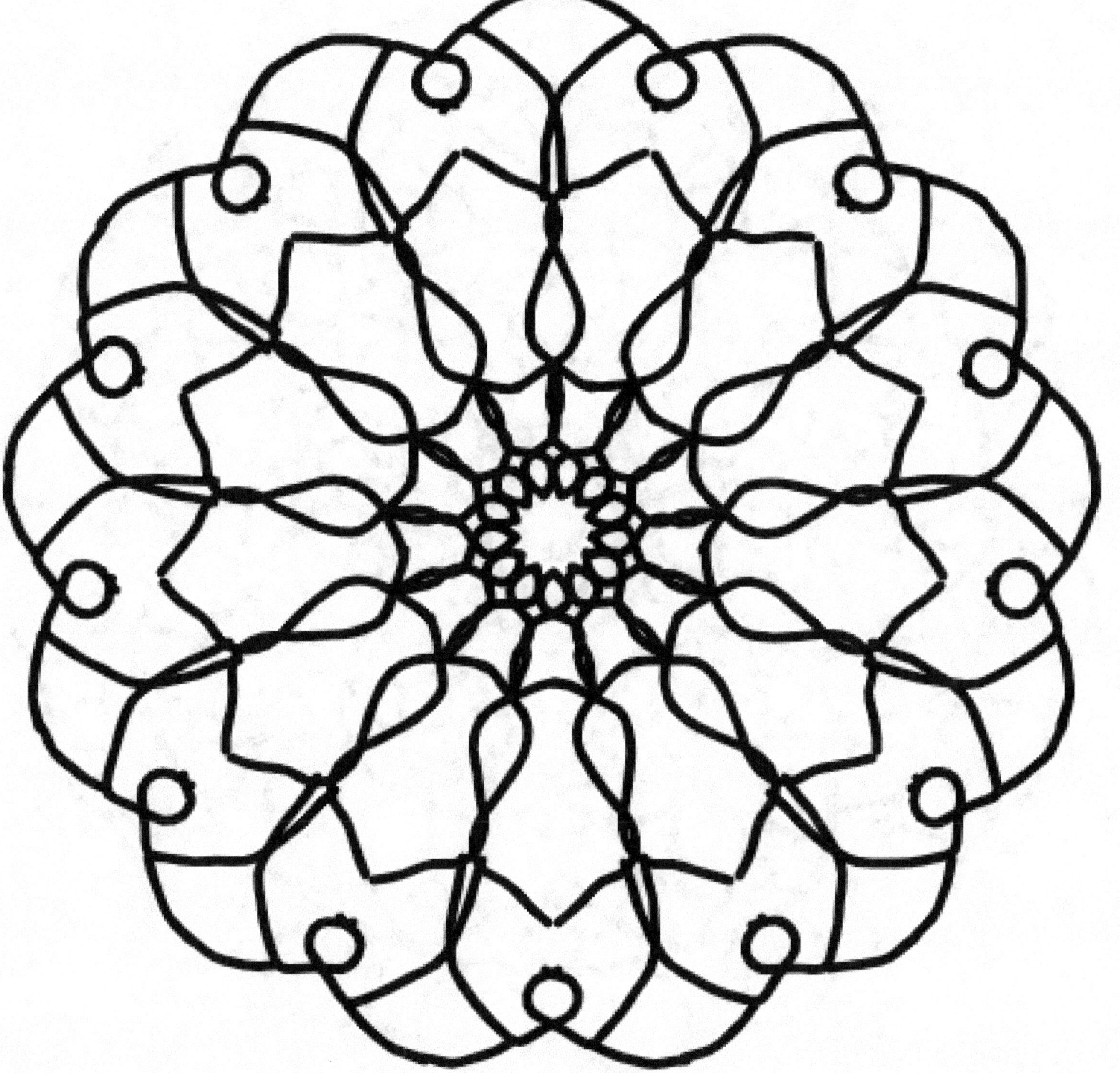

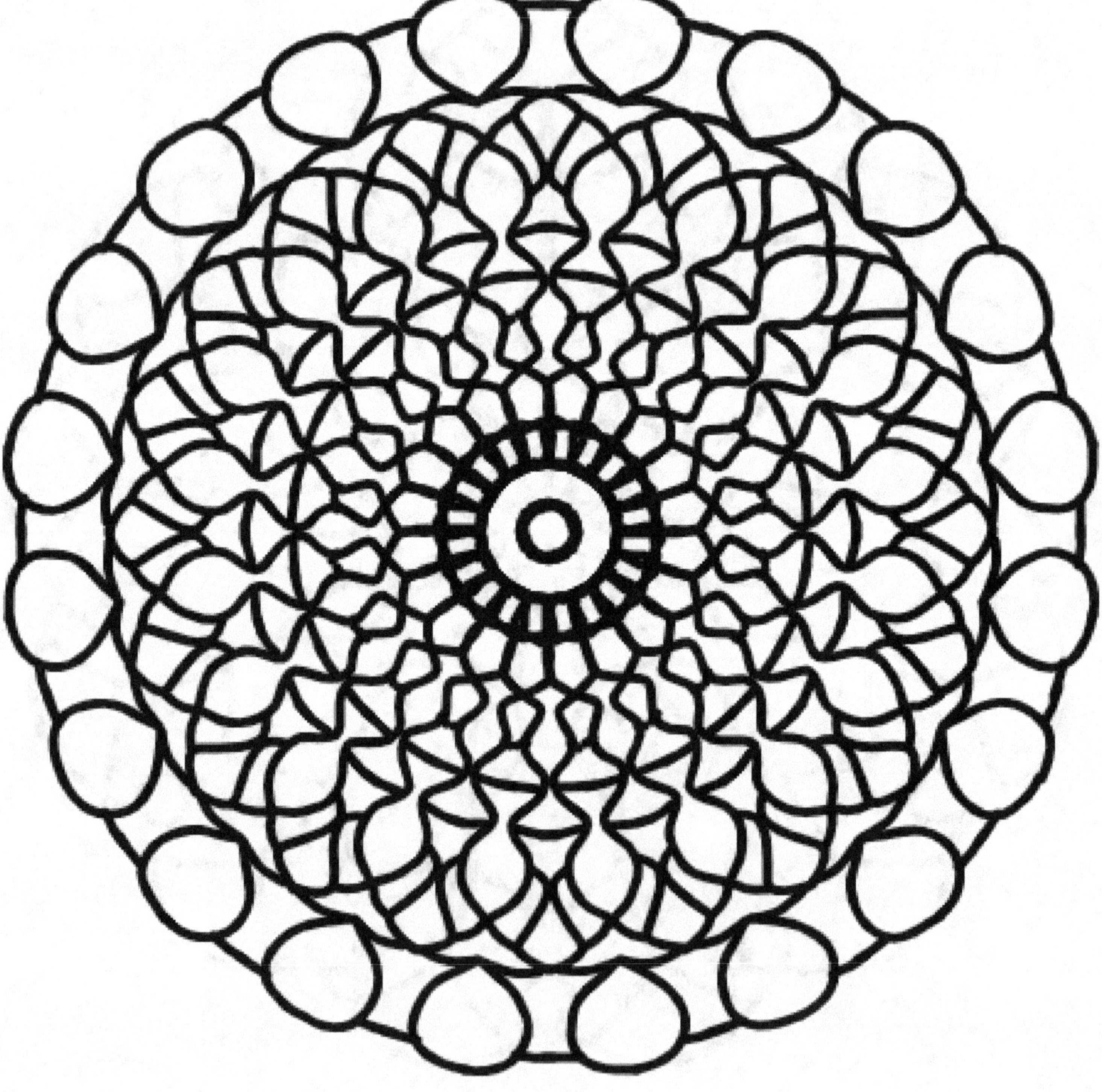

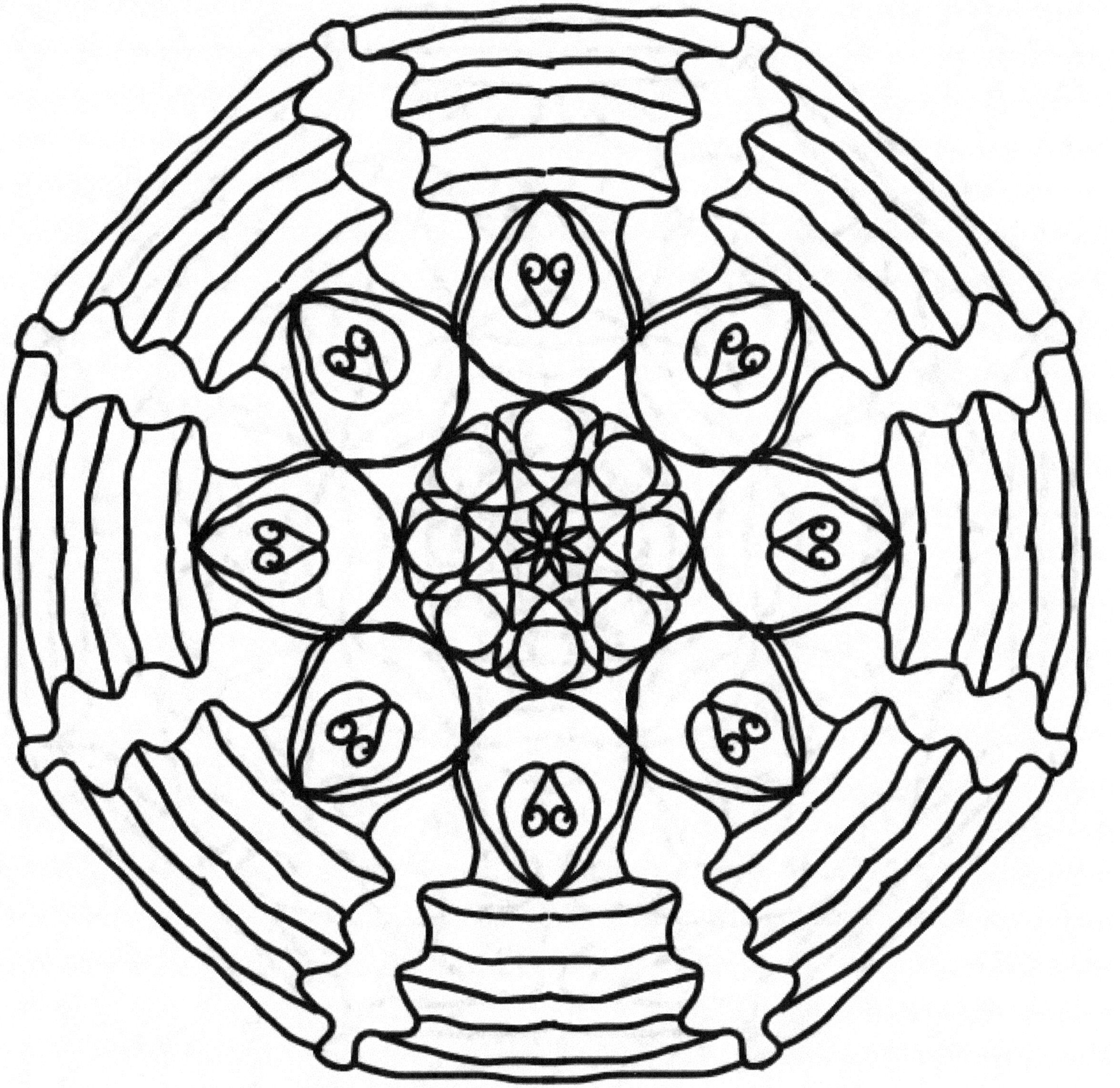

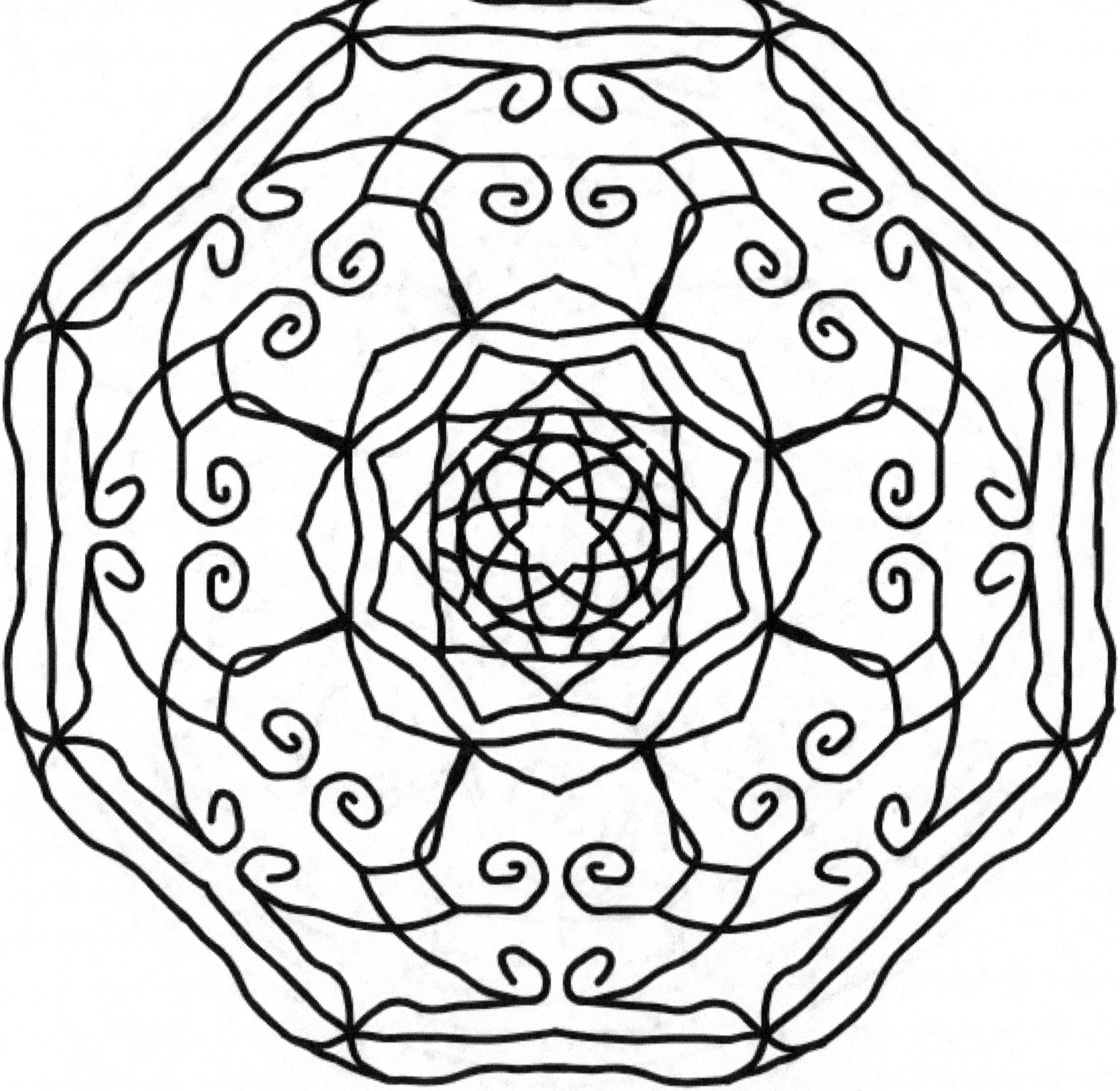

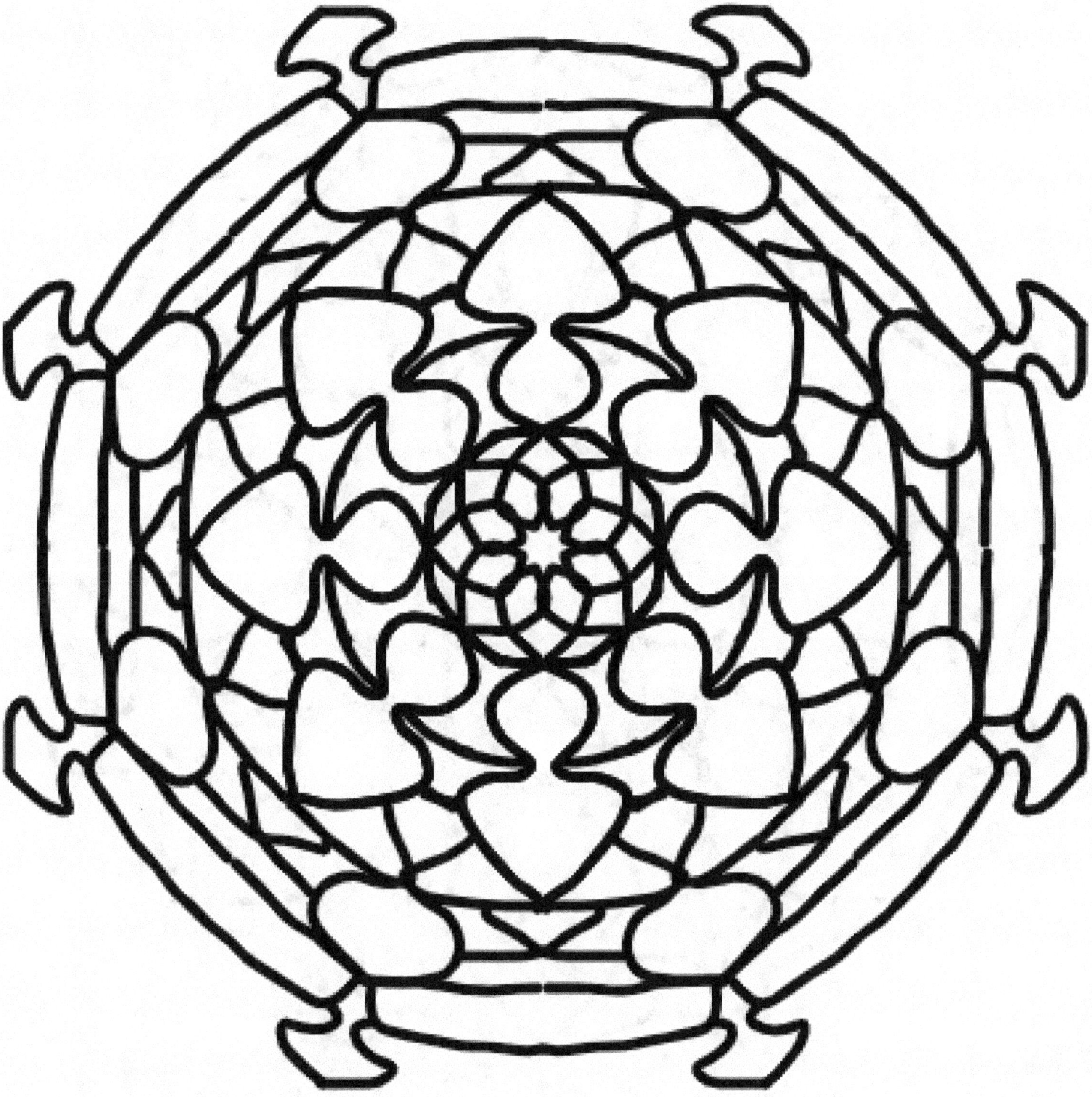

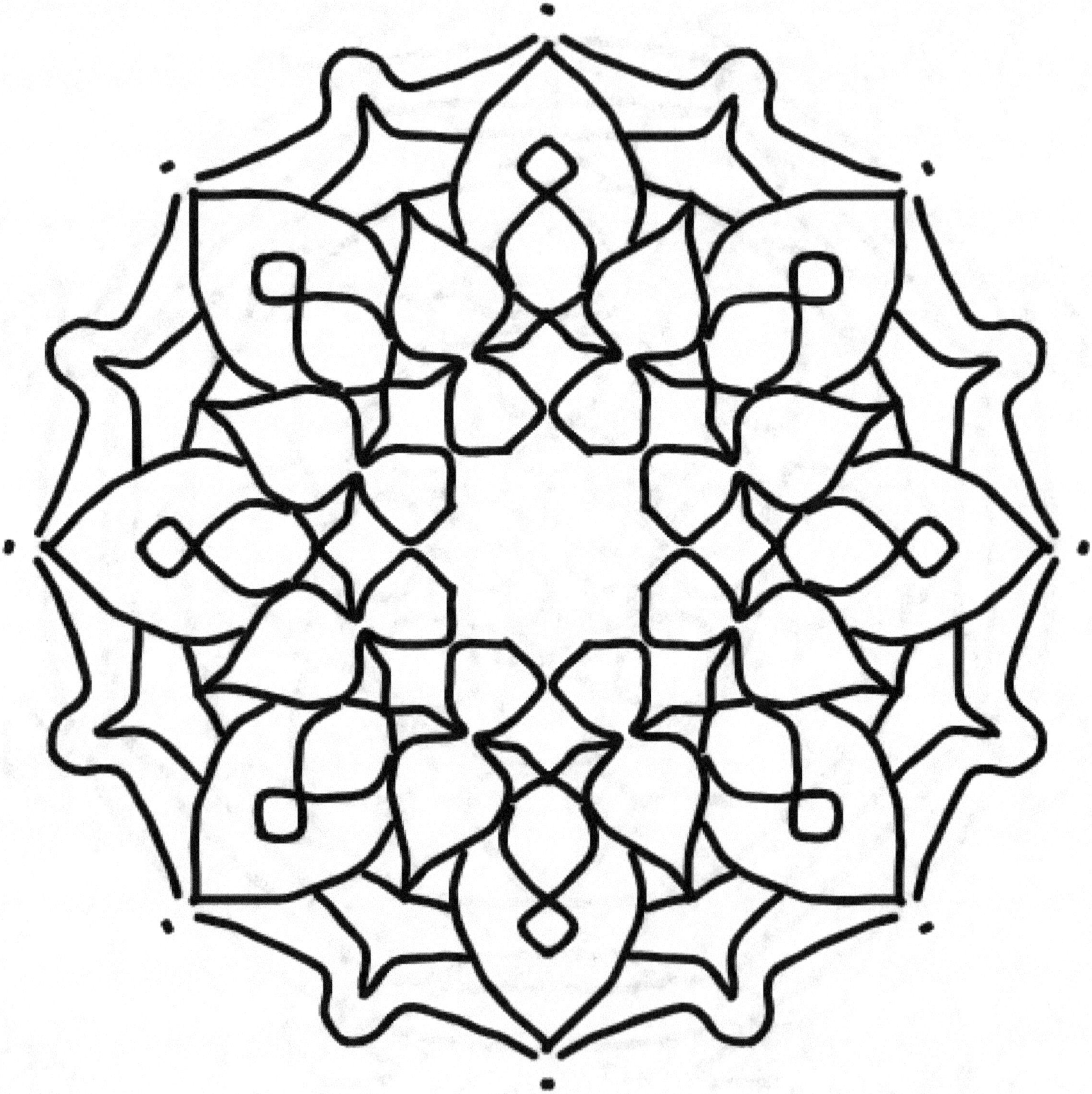

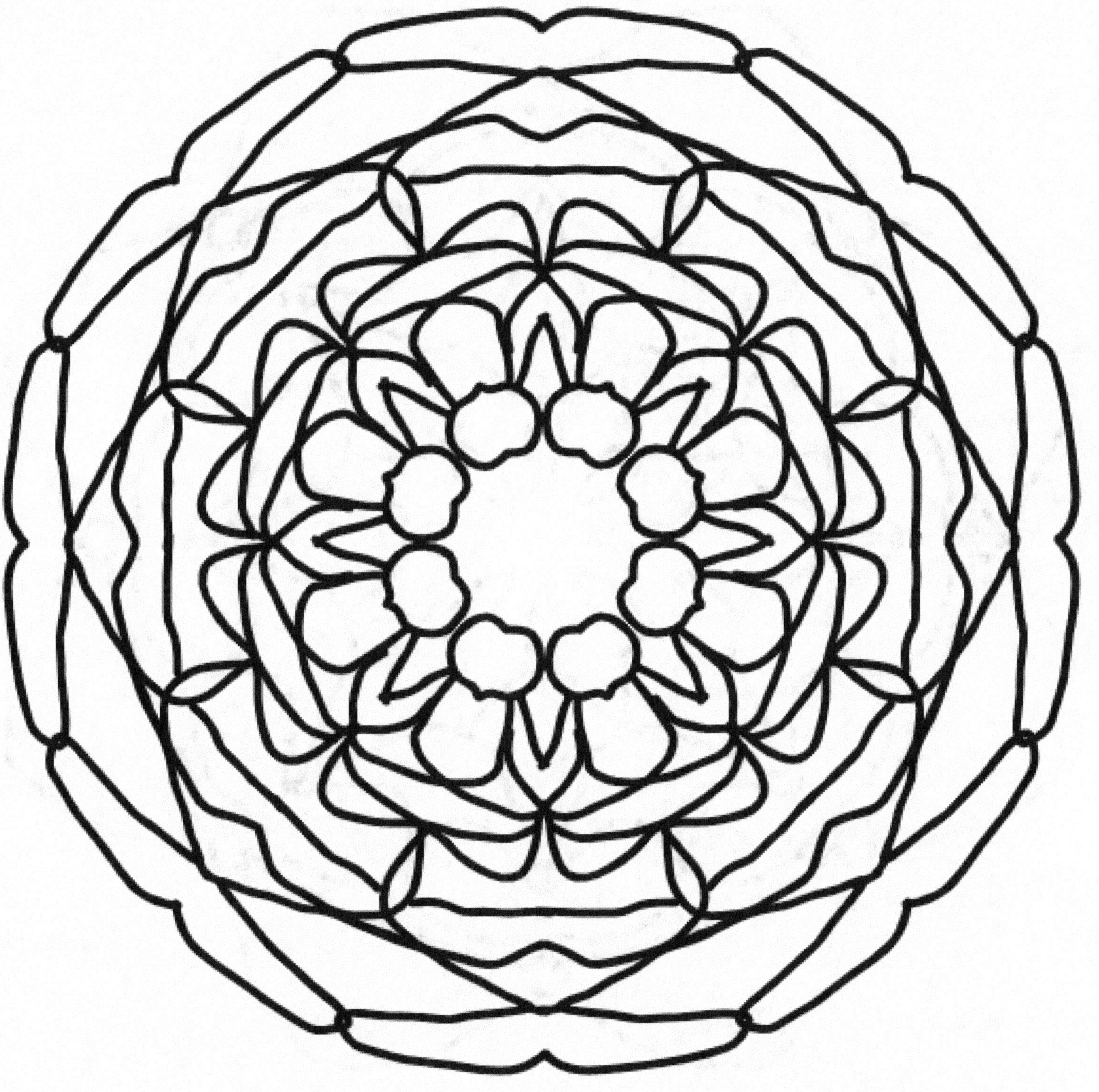

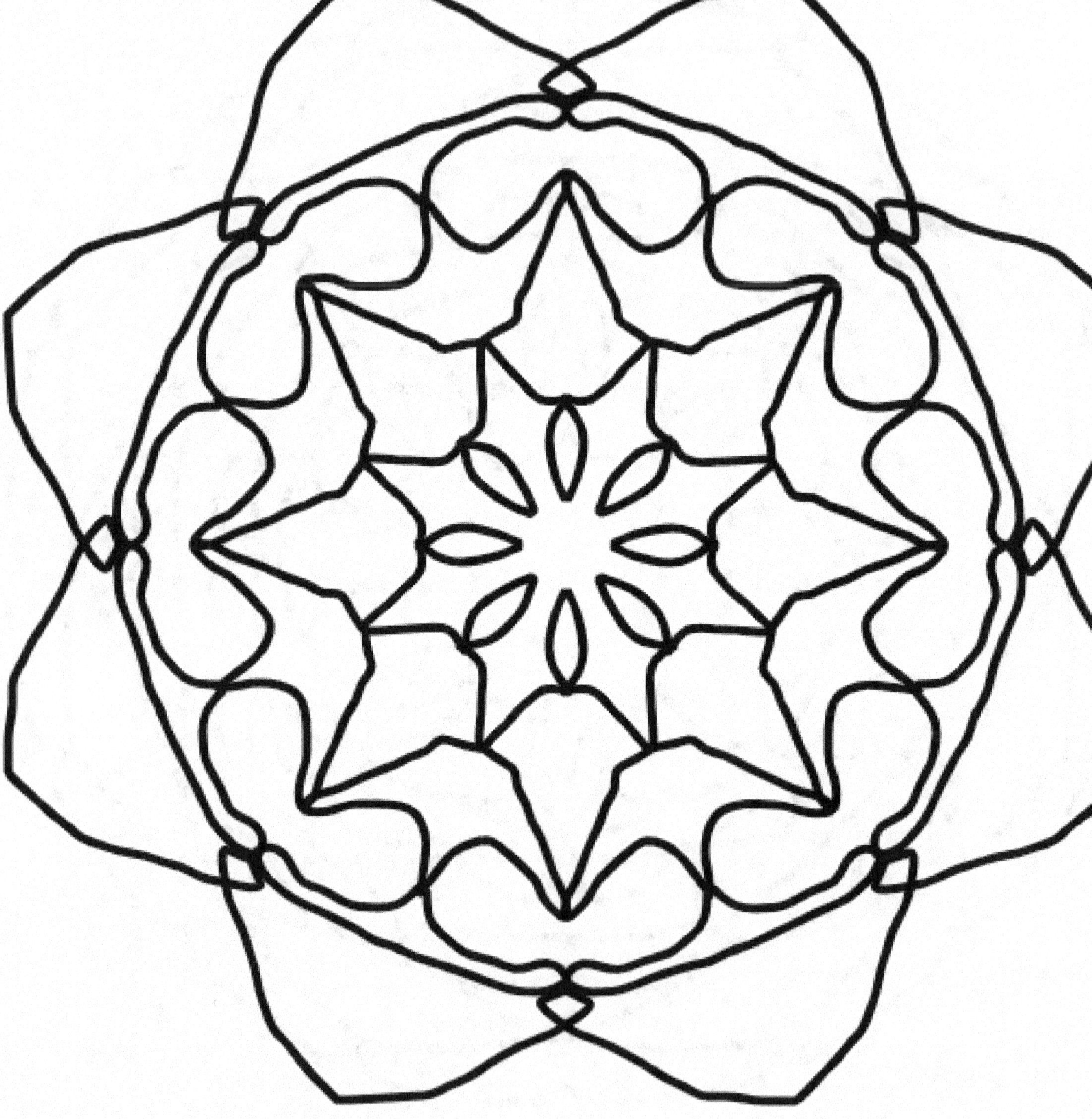

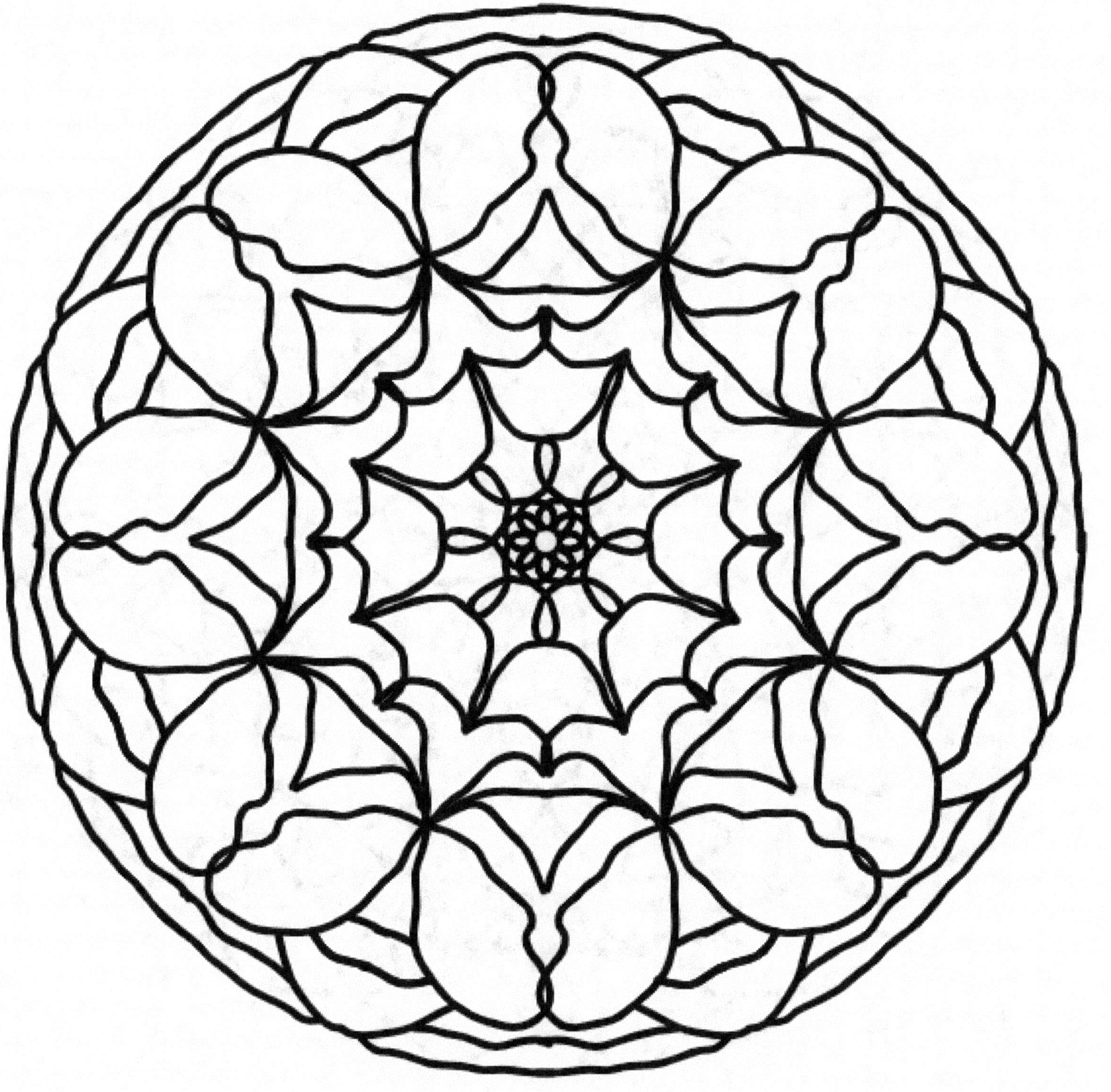

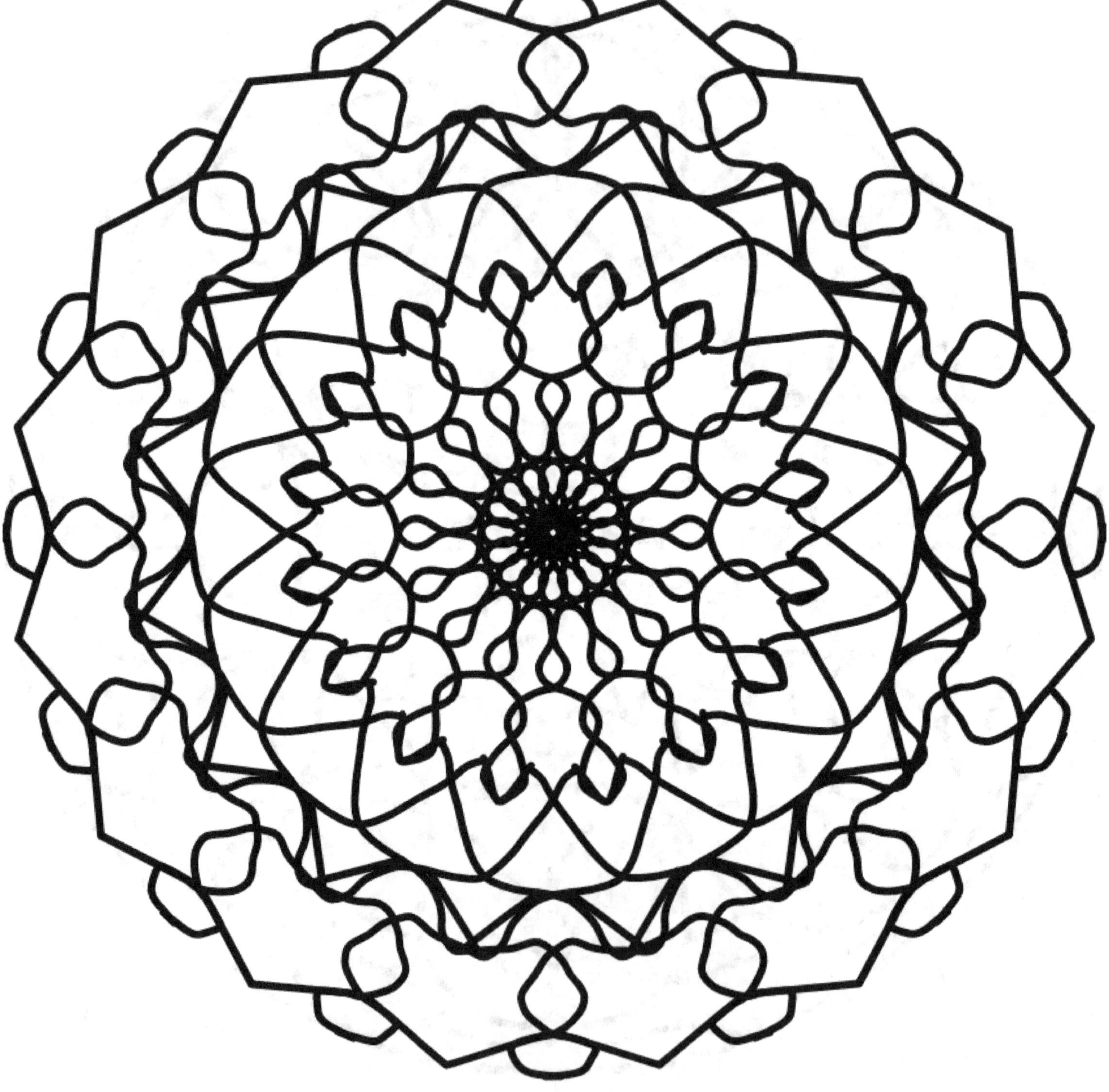

content.com/pod-product-compliance
urce LLC
g PA
8220526
)0008B/3052
8 3 5 4 7 2 3 4 6 1 *

www.ingra
Lightning
Chambersb
CBHW060
45465CB
*979